全国技工院校文化系列教材

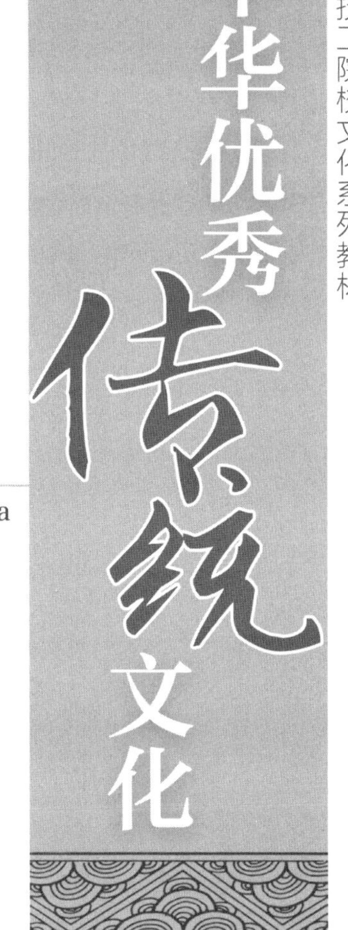

Zhonghua Youxiu Chuantong Wenhua
Xuexi Zhidao Yu Shijian

第一册 广东卷

主　编　邹　菁　陈琨韶

副主编　林蕴妍　孙碧霞　侯　敏
李富荣

参　编（按姓氏拼音排序）
刘　琼　谈晓琼　田　红
吴艳菊　张柏喜　朱启明

中国劳动社会保障出版社

图书在版编目（CIP）数据

中华优秀传统文化学习指导与实践．广东卷．第一册 / 邹菁，陈琨韶主编．-- 北京：中国劳动社会保障出版社，2022

全国技工院校文化系列教材

ISBN 978-7-5167-5417-7

Ⅰ.①中… Ⅱ.①邹… ②陈… Ⅲ.①中华文化－技工学校－教材 Ⅳ.①K203

中国版本图书馆 CIP 数据核字（2022）第 196284 号

中国劳动社会保障出版社出版发行

（北京市惠新东街 1 号 邮政编码：100029）

*

北京市白帆印务有限公司印刷装订 新华书店经销

787 毫米 × 1092 毫米 16 开本 9.5 印张 183 千字

2022 年 11 月第 1 版 2023 年 9 月第 3 次印刷

定价：19.00 元

营销中心电话：400-606-6496

出版社网址：http://www.class.com.cn

http://jg.class.com.cn

前　言

“唯有精神上达到一定的高度，这个民族才能在历史的洪流中屹立不倒、奋勇向前。”中华文化源远流长、灿烂辉煌。在5 000多年文明发展中孕育的中华优秀传统文化，代表着中华民族独特的精神标识。今天，技工院校的学生正在技能之路上不断前行；未来，他们会在技能的舞台上一展雄姿，成为适应世界科技革命和产业变革的高技能人才。世界形势风云变幻之下，中国的高技能人才不仅需要熟练掌握技能，还需要具备深厚的人文素养、拥有做中国人的底气和自信。因而，学习中华优秀传统文化就变得十分有必要。中华优秀传统文化是中华文明的智慧结晶和精华所在，是中华民族的根和魂。我们从中汲取营养，必能在文化激荡中站稳脚跟。

中华优秀传统文化需要在书本中获得，也需要在活动和实践中内化。“中华优秀传统文化学习指导与实践”系列就是让学生在学习完中华优秀传统文化相关知识后，一步一步引领学生在练习与实践中内化真知。

结合学生的认知规律，我们确定了中华优秀传统文化的内化过程：初步体悟—体悟升华—实践感知。具体到每课来说，“初步体悟”环节深度解析了“中华优秀传统文化”系列中“含英咀华”部分的选文，从重难点字词注音与注释、作者生平与写作背景介绍、选文朗诵等几个维度“扶一扶”学生，辅助学生完成知识巩固与文化的初步体悟；“体悟升华”环节将“中华优秀传统文化”系列“含英咀华”部分的选文做成了字帖，力求让学生们在描红的时候静下来、慢下来，在眼、手、脑、心的“合奏”下将已学、已做、已感受之内容“熔”为己物，完成体悟的升华；“实践感知”环节呼应了“中华优秀传统文化”系列“博观约取”“源远流长”“谈古论今”等部分的内容，又做了适度发挥和超越，旨在通过录制小视频、拍摄情景剧、组织辩论赛、当众去演讲、实地去调研、充当小导游等诸多学生们喜爱的活动形式，引导学生在活动中、在参与中完成实践探索和心灵体悟。借助“中华优秀传统文化学习指导与实践”系列，学生获得了文化的熏陶，在动手、动嘴、动脑、动心中自觉完成了文化吸收和文化浸润，以上这些，终将外化为具有文化素养的个体行为。

本套广东卷为“中华优秀传统文化学习指导与实践”系列之一，由广东省一线骨干教师执笔，共分四册。单册设四个单元，分别是百工之艺、处世之道、哲人之思、民俗之情，各册相同。每单元包含四课，每课一个主题。全书秉承“中华优秀传统文化学习指导与实践”系列的设计理念，以学生为中心、以活动为载体、以能力为本位，引导学生在自主探究中领悟“百工之艺”单元能工巧匠技术背后的真谛，体会“处世之道”单元先贤们总结出来的处事原则和方法，分析“哲人之思”单元伟大的哲人们传授给我们的看待世界的方式和自我价值的认定模式，沐浴“民俗之情”单元给予我们的礼俗洗礼。

大道至简，知易行难，知行合一，得到功成。希望技工院校的学子们能够在学习和内化中华优秀传统文化的过程中完成文化自信的重塑，站在先人的肩膀上继续投身于永不止步的自我完善之中、投身于民族的伟大复兴之中，成为真正的高技能人才，收获有分量的人生！

目　　录

百工之艺

处世之道

哲人之思

民俗之情

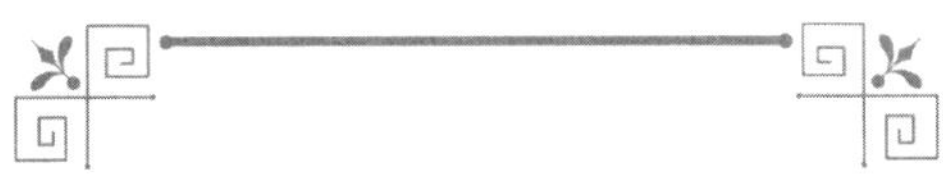

百工之艺

第一课　长城万里

一、声声入耳

扫二维码，看注释，听朗诵录音。参考教材译文，体会诗文中蕴含的思想感情。

从军行（其二）

［唐］王昌龄

琵琶起舞换新声[1]，总是关山[2]旧别情。
liáo
撩乱[3]边愁听不尽，高高秋月照长城[4]。

【注释】

1. 新声：新的曲调。

2. 关山：关山，关隘山川，此处也指山川阻隔的故乡。双关《关山月》曲调。《乐府古题要解》云："《关山月》，伤离也。"

3. 撩乱：心绪烦乱。

4. 长城：借指边塞。

关山月

［唐］李白

明月出天山[1]，苍茫云海[2]间。

长风[3]几万里，吹度[4]玉门关[5]。

kuī
汉下白登道[6]，胡窥青海湾[7]。

由来[8]征战地，不见有人还。

shù
戍客[9]望边色，思归多苦颜。

高楼[10]当此夜，叹息未应闲[11]。

【注释】

1. 天山：祁连山，在今甘肃西北部。

2. 云海：从山的高处向下望，平铺像海的云。

3. 长风：远风。

4. 吹度：吹越，吹过。

5. 玉门关：古关名。汉武帝置。因西域输入玉石取道于此而得名。故址即今甘肃敦煌市西北小方盘城，为当时与西域交通的门户。

6. 汉下白登道：据《汉书·匈奴传》载，匈奴扰汉，兵至晋阳（今山西太原），汉高祖亲自领兵抵抗，至白登，中计被困七日，粮饷断绝，伤亡惨重。下，出兵。下白登，向白登进军。白登，山名，在今山西大同市东。

7. 胡窥青海湾：唐高宗和唐玄宗时，曾多次在青海湖附近与吐蕃交战。胡，指吐蕃。窥，视，此言伺机侵扰。青海湾，青海湖，在今青海省内。

8. 由来：从来。

9. 戍客：戍守边塞的人。

10. 高楼：古诗中多以高楼代指闺中。

11. 闲：停止。

望江南

[宋]金德淑

春睡起，积雪满燕山[1]。万里长城横玉带[2]，六街[3]灯火已阑珊(lán shān)[4]。人立蓟(jì)[5]楼间。

空懊恼，独客此时还。辔(pèi)[6]压马头金错落，鞍(ān)笼驼背锦斓(lán)班[7]。肠断唱阳关[8]。

【注释】

1. 燕山：在河北平原北侧，由潮白河河谷直到山海关。东西走向。长 300 多千米。

2. 玉带：古代官员所用的玉饰腰带。

3. 六街：原指唐代长安城中的六条大街。这里泛指燕京城中的街道。

4. 阑珊：将残、将尽之意。

5. 蓟：古地名，秦置为县，治所在今北京城西南。这里是代指大都。

6. 辔：驾驭牲口的嚼子和缰绳。

7. 斓班：颜色错杂灿烂。

8. 阳关：指《阳关三叠》，亦称《阳关曲》。琴曲。各派琴谱均以唐代王维《送元二使安西》诗为主要歌词，并引申诗意，增添词句，抒写离情别绪。全曲分三段，原诗反复三次，故称“三叠”。

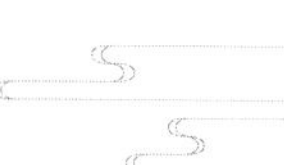

登万里长城

[清] 康有为

秦时楼堞(dié)[1]汉家营，匹(pǐ)马高秋抚(fǔ)旧城[2]。

鞭石千峰上云汉[3]，连天万里压幽并[4]。

东穷碧海群山立，西带黄河落日明。

且勿[5]却胡论功绩，英雄造事[6]令人惊。

【注释】

1. 堞：城墙上的矮墙，又称女墙。此处楼堞即万里长城。

2. 旧城：指明代在居庸关、八达岭修筑的城关。

3. 鞭石千峰上云汉：据《三齐略记》载，始皇作石桥，欲过海观日出处。于时有神人能驱石下海……石去不速，神人辄鞭之。此处借用其意——仿佛有神人把无数砖石用鞭子驱赶到千峰之上，直通霄汉。

4. 幽并：幽州和并州，均为古九州之一，这里指长城经过的河北、北京、辽宁、山西、内蒙古一带的地方。

5. 且勿：且不要说。

6. 造事：指建造长城这一宏伟工程。

二、朗朗上口

在了解诗歌背景的基础上，借助标记符号朗诵诗文。参照相应的朗诵录音，不断提升自己的诵读水平。初期可以跟随录音诵读。

从军行（其二）

【作者生平】

王昌龄（？—756），唐代诗人。字少伯，京兆长安（今陕西西安）人。开元十四年（726）曾前往唐王朝边塞河西走廊地区。开元十五年登进士第，任秘书省校书郎。开元二十二年，改汜水（今河南荥阳汜水镇）县尉，二十七年因事被贬谪岭南。次年，由岭南北返长安，被任命为江宁（今江苏南京）县丞。在江宁数年，又受谤毁，被贬为龙标（今湖南洪江西）尉。安史之乱起，王昌龄由贬所赴江宁，为濠州刺史闾丘晓所杀。其诗多写边塞军旅、宫苑闺情。世称“诗家夫子王江宁”或“王龙标”，又有“七绝圣手”之称。

【写作背景】

“从军行”是乐府旧题，多用于写军旅的艰辛生活。王昌龄的《从军行》是组诗，共7首，本诗是其中的第二首。这首诗通过截取军中宴乐的一个片段，描写赴边战士难以排遣的思乡之情。琵琶是军中常用的一种乐器，琵琶曲也经常用来抒发战士对战争或者常年驻守边关的悲愁。

【朗读指导】

琵琶｜起舞｜换｜新声	平调。用陈述的语气讲述琴声。
总是｜关山｜旧别情	降调。用沉重的语气表达离别、思乡之情。
撩乱｜边愁｜听｜不尽	升调。略激昂。用略激动的语气表达愁绪不尽。
高高｜秋月｜照｜长城	降调。用感叹的语气描述壮阔、悲凉的景象。

关山月

【作者生平】

李白（701—762），唐代诗人。字太白，号青莲居士。自称祖籍陇西成纪（今甘肃静宁西南），其先人在隋末流寓碎叶（在今吉尔吉斯斯坦北部托克马克附近）。幼时随父迁居绵州昌隆（今四川江油）青莲乡。少年时，广读诸子百家之书，好剑术。唐玄宗开元十三年离川，长期在各地漫游。天宝元年（742），被玄宗召入长安，供奉翰林。但他秉性耿直，遭受谗言诋毁，在长安前后不满两年，即被迫辞官离京。安史之乱中，怀着平乱的志愿，曾入永王李璘幕府，因璘败牵累，流放夜郎。中途遇赦东还。晚年流落在江南一带。听到太尉李光弼率大军移镇临淮，讨伐安史叛军，还北上准备从军杀敌，因病半路折回。次年在他的从叔当涂（今属安徽）县令李阳冰的寓所病逝。李白诗风雄奇豪放，想象丰富，被后人誉为“诗仙”。有《李太白集》。

【写作背景】

“关山月”是乐府旧题，内容多表现征戍离别的伤感。这首诗写戍守边塞之人月夜对妻子的深切怀念。诗的前四句写景，写出了边地的辽阔苍茫、边关的空旷荒凉。中间四句叙事，叙写古往今来的边塞战争。这些战争造成了无数的妻离子散、家破人亡，充满残酷性。末四句抒情，先从戍守边塞之人的角度直抒思乡之苦，再遥想家乡的妻子伫立高楼共对此夜无休止地叹息。这首诗通过揭示战争给人民带来的损失和痛苦，表达对和平安宁生活的渴望之情。

【朗读指导】

明月｜出｜天山	平调。用平稳的语气陈述明月升起。

苍茫｜云海间	平调。语势略上扬，突显云海的壮观。
长风｜几万里	升调。语气上扬，突出景象的开阔。
吹度｜玉门关	平调。用感叹的语气描述风吹过边塞。
汉下｜白登道	平调。用平稳的语气陈述汉军北征。
胡窥｜青海湾	升调。用快速、紧张的语气突出吐蕃对青海湾虎视眈眈。
由来｜征战地	平调。强调青海湾是连年征战之地。
不见｜有人｜还	降调。语气沉重，突出少有人生还的惨烈。
戍客｜望｜边色	平调。陈述战士们望着边关的景色。
思归｜多｜苦颜	降调。用低沉语气表达思念家乡的愁苦。
高楼｜当｜此夜	平调。陈述对妻子的思念。
叹息｜未｜应闲	降调。用沉重的语气突出将士妻子叹息不停。

望江南

【作者生平】

金德淑，南宋旧宫人，宋亡后，被掳北上，后嫁章丘李生。词仅存《望江南》一首。

【写作背景】

南宋灭亡后，众多后宫嫔妃、宫人一起被掳北上。这首词题下原有注释：“宋旧宫人赠汪水云南还词。”汪水云，即南宋著名遗民诗人汪元量。金德淑与王昭仪、汪元量都是宋亡后入元的宫中人。1288 年，汪元量被作为道士放返南归，临行之际，宋旧宫人们纷纷作词赠别。词的上片寓情于景，通过描绘北国风光，表达了作者对江南故国的深深怀念。下片直抒离别之情，具有强烈的艺术感染力。《望江南》虽以笔墨写就，但犹如用血泪汇成，虽未明言痛哭，但却让人感到无比沉痛。

【朗读指导】

春睡｜起	平调。用平稳语气陈述清早起床。
积雪｜满｜燕山	平调。用略惊叹的语气描述燕山积雪。
万里｜长城｜横｜玉带	平调。用平稳语气陈述万里长城像玉带。
六街｜灯火｜已｜阑珊	降调。用略低沉语气突出灯火已尽，冷落凄清。
人立｜蓟楼｜间	平调。用平稳语气陈述人立楼中。
空｜懊恼	降调。用叹息、失落的语气表达懊恼。

独客丨此时丨还	降调。用低沉的语气表达一人孤独回来的寂寞。
辔压丨马头丨金错落	平调。用平稳语气描述马的笼头和马鞍。
鞍笼丨驼背丨锦斓班	平调。用平稳语气陈述锦带五色斑斓。
肠断丨唱丨阳关	降调。用悲伤、沉重的语气表达极度悲伤的感情。

登万里长城

【作者生平】

康有为（1858—1927），中国近代政治家、思想家、维新派领袖，后为保皇会首领。原名祖诒，字广厦，号长素，又号更生，广东南海丹灶（今属佛山市南海区）人。1888 年（光绪十四年），鉴于民族危机加深，第一次上书清帝，建议变法图强。1895 年《马关条约》签订，联合在北京会试的举人 1 300 余人发动“公车上书”，极陈时局忧危，请求变法。1895 年中进士。1898 年在北京成立保国会，受到光绪帝召见，促成百日维新。9 月，戊戌政变发生，逃亡国外。此后组织保皇会反对民主革命。辛亥革命后，返国，在上海主编《不忍》杂志，并任孔教会会长。1917 年和张勋策划溥仪复辟，旋即失败。晚年在上海办天游学院，讲授国学。著有《新学伪经考》《孔子改制考》《大同书》等。

【写作背景】

作为立志变法图强的启蒙思想家，康有为促成百日维新，震动了华夏大地。早在顺天乡试期间（1888），他就“发愤上书万言”，提出了维新变法的主张。上书前夕，这位热血青年，曾一鞭单骑出居庸关，站在雄伟的八达岭上，纵览山河壮色，写下了两首“郁勃苍凉”的七律，本诗即是其中之一。

【朗读指导】

秦时丨楼堞丨汉家营	平调。用平稳的语气陈述对历史的思考。
匹马丨高秋丨抚丨旧城	降调。用低沉的语气突出长城的悠久、雄伟、沧桑。
鞭石丨千峰丨上丨云汉	升调。用惊叹的语气突出山峰高耸入云。
连天丨万里丨压丨幽并	升调。用赞美的语气描述长城绵延万里。
东穷丨碧海丨群山丨立	平调。用平稳的语气陈述向东看尽山海。
西带丨黄河丨落日丨明	平调。用紧接的语气陈述向西看黄河、落日。
且勿丨却胡丨论丨功绩	平调。用否定的语气表达不提以前的功绩。
英雄丨造事丨令人丨惊	升调。用自信、激昂的语气表达信心。

三、款款临风

请完成以下字帖描红。

从 军 行（其 二）

［唐］王 昌 龄

琵 琶 起 舞 换 新 声，

总 是 关 山 旧 别 情。

撩 乱 边 愁 听 不 尽，

高 高 秋 月 照 长 城。

关 山 月

［唐］李 白

明 月 出 天 山，苍 茫 云 海 间。

长 风 几 万 里，吹 度 玉 门 关。

汉 下 白 登 道，胡 窥 青 海 湾。

由 来 征 战 地，不 见 有 人 还。

戍 客 望 边 色，思 归 多 苦 颜。

高 楼 当 此 夜，叹 息 未 应 闲。

望江南

［宋］金德淑

春睡起，积雪满燕山。万里长城横玉带，六街灯火已阑珊。人立蓟楼间。

空懊恼，独客此时还。辔压马头金错落，鞍笼驼背锦斓班。肠断唱阳关。

登万里长城

［清］康有为

秦时楼堞汉家营，
匹马高秋抚旧城。
鞭石千峰上云汉，
连天万里压幽并。
东穷碧海群山立，
西带黄河落日明。
且勿却胡论功绩，
英雄造事令人惊。

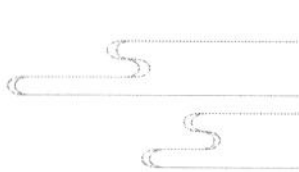

四、娓娓道来

（一）教材“博观约取”里介绍了古代人们是如何自建冰道运输石块完成嘉峪关的建造。其实，长城的修筑从秦汉到明清，其中曲折、艰险，其后对民族的融合和对外的军事作用，都不是短短几百字所能描述的。请查阅资料，总结并整理长城建筑的更多事迹，按时间顺序填入下表（此表可自行扩展）。

时间	故事	事迹概述

（二）教材“源远流长”里介绍了长城的历史。长城作为著名的古代防御工程，经过历朝历代不断修葺、完善。请查阅资料，归纳、总结长城的建筑历史，按时间顺序填入下表（此表可自行扩展）。

时代	工程

（三）教材“源远流长”里介绍了长城的建造。长城又称万里长城，有多个重要的关隘。请查阅资料，选取 5 个著名关隘进行介绍，按照名称、位置、特征填入下表。

关隘名	位置	特征

提示：上述三题，总结整理事迹时，注意尽量寻找权威材料，以多篇材料能相互印证为佳。

五、跃跃欲试

（一）实践目标

广州是首批国家历史文化名城，广府文化的发祥地，从秦朝开始一直是郡治、州治、府治的所在地，华南地区的政治、军事、经济、文化和科技中心。从公元三世纪成为海上丝绸之路的主港，唐宋时成为中国第一大港，是世界著名的东方港市，也是世界唯一两千多年长盛不衰的大港。历史在广州留下浓墨重彩的一笔。请探寻广州的历史踪迹，继往开来，学习先辈们勤劳勇敢、开拓进取、敢为人先的精神。

（二）实践过程

1. 了解广州的建城历史，绘制广府的历史脉络图。

2. 实地走访名人故居、名胜古迹、纪念馆、博物馆，收集广府故事，感受先辈们的英雄事迹，继承他们的精神。

3. 整理编辑相关资料，做成 ××（地名）广府史迹名片。

4. 收集相关照片、录像制作小视频，以青年的视角和叙事方式讲述广府发展历史和先辈们的家国情怀故事，制作广府历史微视频。

5. 班级分享实践成果，也可以分小组上传视频网站，以点赞或收藏量做排行。
6. 可以自由组成不超 5 人的小组共同完成，也可 1 人独立完成。

（三）实践成果

1. 绘制广府历史脉络图。
2. 编辑广府史迹名片。
3. 制作广府历史微视频。
4. 制作广府史迹手抄报。

第二课　古祠流芳

一、声声入耳

扫二维码，看注释，听朗诵录音。参考教材译文，体会诗文中蕴含的思想感情。

蜀相[1]

[唐] 杜甫

丞相祠堂[2]何处寻，锦官城[3]外柏(bǎi)森森[4]。

映阶碧草自春色，隔叶黄鹂空[5]好音。

三顾频烦[6]天下计，两朝[7]开[8]济[9]老臣心。

出师[10]未捷身先死，长使英雄泪满襟。

【注释】

1. 蜀相：三国蜀汉丞相，指诸葛亮（孔明）。
2. 丞相祠堂：即诸葛武侯祠，在今成都市武侯区，晋李雄初建。
3. 锦官城：成都的别名。
4. 柏森森：柏树茂盛繁密的样子。
5. 空：白白的。
6. 频烦：犹“频繁”，多次。
7. 两朝：刘备、刘禅父子两朝。
8. 开：开创。
9. 济：扶助。
10. 出师：出兵。

屈祠

[唐] 汪遵

不肯迂回入醉乡，乍吞忠梗没沧浪[1]。

至今祠畔猿啼月，了了犹疑恨楚王[2]。

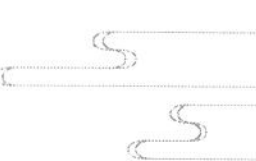

【注释】

1. 忠梗没沧浪：指屈原投江的典故。

2. 楚王：指楚怀王。

赞陈家祠

郭沫若

天工人可代，人工[1]天不如。

果然造世界[2]，胜读十年书。

【注释】

1. 人工：陈家祠的“七绝”，砖雕、石雕、木雕、陶塑、灰塑、铜铁铸、彩绘。

2. 造世界：盛赞陈家祠的工艺巧夺天工，开创了一个艺术世界、艺术宝库。

陈家祠的铺张（节选）

陈峻峰

一目了然，陈家祠主体建筑平面呈正方形，其布局规整对称，主次分明，为三路三进九堂两厢抄。如果你从中路（第一进）入，依次是悬有“陈氏书院”匾额[1]的头门[2]、悬有“聚贤堂”匾额的族人议事聚会的中堂[3]（第二进）和供奉祖宗神主牌位和举行祭祀的祖堂[4]（第三进）。其中聚贤堂前是花岗岩精致打造的月台[5]，堂后以12扇大型双面镂空木雕屏门与后院相隔；祖堂及其两侧厅堂里，设有11座高达8米的木雕神龛（kān）[6]，供奉的就是我们所说的广东72县陈姓祖宗神主牌位。

通过青云巷、廊、庑（wǔ）[7]、庭院等组织结构起整个陈家祠，具体到厅堂、厢房、偏室，按房屋单位计共19间，相互间既各自独立又互相联系。其中，厢房在主体建筑的东西两侧，供72县陈姓族人——不排除外地陈姓族人，来广州祭祀或办理其他各种事务时居住。

对于全省各地或全国各地的陈姓来说，来广州奔往这儿，就是回自己的家宅。于是想，如果早一百年，我来广州这几天，说不定就住在这里其中的一个房间。深夜有祖宗的灵魂护佑，清早被小鸟的啁啾（zhōu jiū）[8]亲切唤醒，打开门扇，晨曦晕染，花香扑面，勤劳的护院人正在洒扫清除，像家人一样与我互相问候早安。

【注释】

1. 匾额：悬挂于门屏上作装饰之用，反映建筑物名称和性质，表达人们义理、情感之类的文学艺术形式。

2. 头门：建筑物正面的大门。

3. 中堂：正中的厅堂。

4. 祖堂：儒家祭祀祖先或先贤的场所，主要用于祭祀祖先，还可以作为各房子孙办理婚、丧、寿、喜等的场所。

5. 月台：正房、正殿突出连着前阶的平台。平台宽敞而通透，一般前无遮拦，是看月亮的好地方，成了赏月之台。

6. 神龛：供奉神像或祖宗牌位的小阁子。

7. 庑：在高台基址上，周边连续建屋，以围成一个内向空间的院落。

8. 啁啾：鸟鸣声。

二、朗朗上口

在了解诗歌背景的基础上，借助标记符号朗诵诗文。参照相应的朗诵录音，不断提升自己的诵读水平。初期可以跟随录音诵读。

蜀相

【作者生平】

杜甫（712—770），字子美，自号少陵野老。唐代著名的现实主义诗人，宋以后被尊为“诗圣”，与李白并称“李杜”。其诗大胆揭露当时社会矛盾，对穷苦人民寄予深切同情，内容深刻，展示了唐代由盛转衰的历史过程，因此被称为“诗史”。在艺术上，善于运用各种诗歌形式，尤长于律诗；风格多样，而以沉郁为主；语言精练，具有高度的表达能力。代表作有“三吏”“三别”，《登高》《春望》《北征》等。

【写作背景】

“蜀相”的意思是蜀汉国的丞相，诗题“蜀相”，写的就是诸葛亮。杜甫虽然怀有“致君尧舜”的政治理想，但他仕途坎坷，抱负无法施展。他写《蜀相》这首诗时，安史之乱还没有平息。他目睹国势艰危，生灵涂炭，而自身又请缨无路、报国无门，因此对开创基业、挽救时局的诸葛亮，无限仰慕，备加敬重。

【朗读指导】

丞相｜祠堂｜何处｜寻	升调。设问。用强调的语气提出问题。

锦官 | 城外 | 柏森森　　平调。回答问题。用陈述语气描述柏树成荫。
映阶 | 碧草 | 自 | 春色　　平调。用惋惜的语气陈述武侯祠内春意盎然。
隔叶 | 黄鹂 | 空 | 好音　　降调。用惋惜的语气陈述黄鹂的叫声白白浪费。
三顾 | 频烦 | 天下 | 计　　平调。用赞美的语气概述诸葛亮一生。
两朝 | 开济 | 老臣 | 心　　平调。用强调的语气叙述诸葛亮的忠心。
出师 | 未捷 | 身 | 先死　　降调。用沉重的语气感叹诸葛亮病死军中，功业未成。
长使 | 英雄 | 泪 | 满襟　　升调。用悲凉、惋惜的语气表达对诸葛亮的缅怀追思。

屈祠

【作者生平】

汪遵，唐代宣州泾县（今属安徽）人。其诗大部分是怀古诗，寄托了对现实生活的深沉感慨。《唐才子传》称其“拔身卑污，夺誉文苑。”

【写作背景】

这是一首咏古的七言绝句，作者以屈原自投汨罗江的典故为题材，赞颂了这一伟大爱国诗人忧国忧民的伟大情操，同时批判了楚怀王昏聩亡国的丑恶嘴脸。

【朗读指导】

不肯 | 迂回 | 入 | 醉乡　　平调。用肯定语气陈述屈原不愿醉生梦死。
乍吞 | 忠梗 | 没 | 沧浪　　降调。用沉重、悲壮的语气讲述屈原投江殉国。
至今 | 祠畔 | 猿 | 啼月　　平调。用哀婉、悲伤的语气陈述猿声凄凉。
了了 | 犹疑 | 恨 | 楚王　　升调。用痛恨的语气突出对楚王的不满。

赞陈家祠

【作者生平】

郭沫若（1892—1978），原名郭开贞，字鼎堂，号尚武，中国作家、诗人、历史学家、考古学家、古文字学家、社会活动家，中国新诗的奠基人之一，中国历史剧的开创者之一，甲骨学四堂之一，第一届中央研究院院士。

【写作背景】

陈家祠，又称“陈氏书院”，位于广州市中山七路。其筹建于清光绪十四年（1888），二十年（1894）落成，是广东省各地陈氏宗族共同捐资兴建的“合族祠”，为陈氏宗族子弟赴省城备考科举、候任、交纳赋税、诉讼等事务提供临时居所。郭沫若在 1959 年参观陈家祠，感叹其中的工艺巧夺天工，写下这首五言诗。

【朗读指导】

天工｜人｜可代	平调。用陈述语气突出人工可以代替天工。
人工｜天｜不如	升调。用惊叹语气突出陈家祠巧夺天工。
果然｜造｜世界	平调。用强调语气突出讲述工人们的创造。
胜读｜十年｜书	升调。用强调语气突出徘徊在陈家祠艺术世界，胜过读书。

陈家祠的铺张（节选）

【作者生平】

陈峻峰，中国作家协会会员、河南作家协会理事、河南诗歌学会副会长。至今已在《人民文学》《青年文学》《莽原》《长江》《清明》《诗刊》《星星》《人民日报》《文艺报》《中国青年报》《羊城晚报》《大河报》等刊物发表各类文学作品 2 000 余件。其中诗歌近 700 首，散文、小说等 100 余篇。

【写作背景】

陈峻峰作为陈氏后裔，为陈家祠写了两篇文章，一篇是有关宗族的话题，即《陈家祠的隐讳》（载 2018 年第 1 期《大观·东京文学》杂志），一篇是有关建筑艺术审美的话题，就是这篇《陈家祠的铺张》。

【朗读指导】

略。

三、款款临风

请完成以下字帖描红。

蜀相

［唐］杜甫

丞相祠堂何处寻，

锦官城外柏森森。

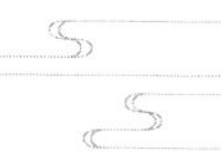

映阶碧草自春色，
隔叶黄鹂空好音。
三顾频烦天下计，
两朝开济老臣心。
出师未捷身先死，
长使英雄泪满襟。

屈祠

[唐]汪遵

不肯迂回入醉乡，
乍吞忠梗没沧浪。
至今祠畔猿啼月，
了了犹疑恨楚王。

赞陈家祠

郭沫若

天工人可代，人工天不如。
果然造世界，胜读十年书。

陈家祠的铺张（节选）

陈峻峰

一目了然，陈家祠主体建筑平面呈正方形，其布局规整对称，主次分明，为三路三进九堂两厢抄。如果你从中路（第一进）入，依次是悬有“陈氏书院”匾额的头门、悬有“聚贤堂”匾额的族人议事聚会的中堂（第二进）和供奉祖宗神主牌位和举行祭祀的祖堂（第三进）。其中聚贤堂前是花岗岩精致打造的月台，堂后以12扇大型双面镂空木雕屏门与后院相隔；祖堂及其两侧厅堂里，设有11座高达8米的木雕神龛，供奉的就是我们所说的广东72县陈姓祖宗神主牌位。

青云巷、廊、庑、庭院等组织构架起整个陈家祠，具体到厅堂、厢房、偏室，按房屋单位计共19间，相互间既各自独立又互相联系。其中，厢房在主体建筑的东西两侧，

供72县陈姓族人——不排除外地陈姓族人，来广州祭祀或办理其他各种事务时居住。

对于全省各地或全国各地的陈姓来说，来广州奔往这儿，就是回自己的家宅。于是想，如果早一百年，我来广州这几天，说不定就住在这里其中的一个房间。深夜有祖宗的灵魂护佑，清早被小鸟的啁啾亲切唤醒，打开门扇，晨曦晕染，花香扑面，勤劳的护院人正在洒扫清除，像家人一样与我互相问候早安。

四、娓娓道来

（一）教材“博观约取”里介绍了陈家祠的“福”。其实，陈家祠的七绝：砖雕、石雕、木雕、陶塑、灰塑、铜铁铸及彩绘，无不代表了当时岭南艺术的最高成就。请查阅资料，总结并整理陈家祠的作品，按建筑特色填入下表（此表可自行扩展）。

类型	作品名称	艺术特色

续表

类型	作品名称	艺术特色

（二）教材“博观约取”里介绍了陈家祠的工艺特色。请查阅资料，根据陈家祠的建筑历史、地位、用途、结构布局、雕刻艺术填入表内（此表可自行扩展），以全面介绍陈家祠。

内容	介绍
建筑历史	
地位	
用途	
结构布局	
雕刻艺术	

（三）教材“源远流长”里提及21世纪以来，“陈家祠”曾两度入选“新世纪羊城八景”。请查阅资料，找齐另外7个“新世纪羊城八景”，并按照名称、景点描述填入表内。

名称	景点描述

续表

名称	景点描述

提示：上述三题，总结整理事迹时，注意尽量寻找权威材料，以多篇材料能相互印证为佳。

五、跃跃欲试

（一）实践目标

陈家祠又称“陈氏书院”，位于广州市中山七路，是现存规模最大的广府传统建筑之一，也是我国现存规模最大、保存最完好、装饰最精美的祠堂式建筑，被誉为“岭南建筑艺术的明珠”。请探寻陈家祠的艺术踪迹，继往开来，学习先辈们精益求精、包容创新的精神。

（二）实践过程

1. 了解陈家祠的建筑历史和艺术地位，制作陈家祠概述卡片。

2. 实地走访陈家祠，拍摄陈家祠的建筑特色，观摩先辈们的手艺，感受他们的工匠精神。

3. 整理编辑相关资料，制作陈家祠建筑艺术手抄报。

4. 收集相关照片、录像制作小视频，以青年的视角和叙事方式讲述陈家祠的建筑历史，介绍陈家祠的代表作和建筑艺术，制作陈家祠微视频。

5. 班级分享实践成果，也可以分小组上传视频网站，以点赞或收藏量做排行。

6. 可以自由组成不超 5 人的小组共同完成，也可 1 人独立完成。

（三）实践成果

1. 编辑陈家祠名片。

2. 绘制或者制作陈家祠手抄报。

3. 制作陈家祠微视频。

第三课　端溪砚宝

一、声声入耳

扫二维码，看注释，听朗诵录音。参考教材译文，体会诗文中蕴含的思想感情。

杨生[1]青花紫石砚歌

[唐]李贺

端州[2]石工巧如神，踏天磨刀割紫云。

佣刓(wán)[3]抱水含满唇，暗洒苌(cháng)弘[4]冷血痕。

纱帷(wéi)[5]昼暖墨花春，轻沤(òu)[6]漂沫松麝(shè)薰(xūn)[7]。

干腻薄重立脚[8]匀，数寸光秋[9]无日昏。

圆毫[10]促点声静新，孔砚宽顽何足云。

【注释】

1. 杨生：砚台的主人。

2. 端州：今广东肇庆，境内出石砚。

3. 刓：削去棱角。

4. 苌弘：周朝人，传说他死后三年，血化为碧玉。这里形容砚台里隐约出现的青花纹理，犹如苌弘的碧血。

5. 纱帷：纱帐。

6. 沤：浸泡，指蘸水磨墨。

7. 松麝薰：指墨香，佳墨用松烟和麝香制成。

8. 脚：墨脚，即墨锭下端接触砚石的部分。

9. 光秋：形容墨汁犹如秋日光洁的天空。

10. 圆毫：指毛笔。

寄端砚与樊茂实因作诗以遗(wèi)[1]之

［宋］张九成

端溪石砚天下奇，紫光夜半吐虹霓。

不随凡石追时好(hǎo)[2]，真与日月争光辉。

韬(tāo)藏[3]久矣不乱用，惟恐翰墨污染之。

樊子文章有余地，汪汪万顷谁敢窥(kuī)[4]。

赠君此砚勿轻弃，经史妙处其发挥。

飞流溅沫满天下，要使咳(ké)唾(tuò)[5]皆珠玑(jī)[6]。

【注释】

1. 遗：给予，馈赠。
2. 时好：世俗的爱好，此处指喜好迎合流俗。
3. 韬藏：隐藏，这里是收藏的意思。
4. 窥：本意指从小孔或缝里看，这里指小觑。
5. 咳唾：咳嗽吐唾液，此处指称赞他人的言语、诗文等。
6. 珠玑：意思是珠宝、珠玉，此处比喻美好的诗文绘画等。

端砚铭（其一）

［宋］苏轼

千夫挽绠(gěng)[1]，百夫运斤[2]。

篝火下缒(zhuì)[3]，以出斯珍。

一嘘(xū)[4]而泫(xuàn)[5]，岁久愈新。

谁其似之，我怀斯人。

【注释】

1. 绠：汲水用的绳子。
2. 运斤：意思是指挥动斧头砍削；喻技艺的高超。
3. 下缒：用绳悬人或物下坠。
4. 嘘：从嘴里慢慢地吐气。
5. 泫：水珠滴下的样子。

唐秀才赠端州紫石砚以诗答之

[唐] 刘禹锡

端州石砚人间重，赠我因知正草玄[1]。
阙(quē)里[2]庙堂空旧物，开方灶下岂天然。
玉蜍(chú)[3]吐水霞光静，彩翰[4]摇风绛锦[5]鲜。
此日慵(yōng)[6]工记名姓，因君数到墨池前。

【注释】

1. 草玄：典出《汉书》，指淡泊名利，潜心著述。
2. 阙里：孔子居住的地方，借指曲阜孔庙。
3. 玉蜍：玉制的蟾蜍状器皿，储水用以研墨。
4. 彩翰：彩笔。
5. 绛锦：以彩色锦缎比喻纸张。
6. 慵：困倦，懒。

二、朗朗上口

在了解诗歌背景的基础上，借助标记符号朗诵诗文。参照相应的朗诵录音，不断提升自己的诵读水平。初期可以跟随录音诵读。

杨生青花紫石砚歌

【作者生平】

李贺（790—816），字长吉，河南昌谷（今河南省宜阳县）人，后世称李昌谷。他擅长乐府诗，多表现人生不得意的悲愤，对藩镇割据、宦官专权和社会剥削的现实也多有揭露。诗作想象丰富，善用神话传说，托古喻今，创造出新奇瑰丽的诗境，独树一帜，宋代严羽《沧浪诗话》称之为“李长吉体”。

【写作背景】

端州（今广东肇庆）石砚，即端砚，以紫色者尤为世所重。其石质坚实、细润，发墨不损毫，利于书写，造型美，雕琢精，唐代已享盛名，大书法家柳公权论砚时曾推为第一。唐代李肇《唐国史补》说：“端州紫石砚，天下无贵贱通用之。”青花本是石上的一处青筋，应该说是石病，但偏偏为人珍视。当时杨生正有这么一块家传的青花紫石砚，李贺在杨家观赏到这块端砚，便作诗歌咏之。

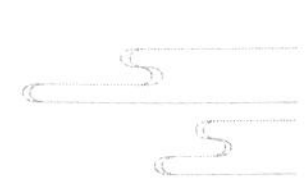

【朗读指导】

端州｜石工｜巧｜如神，	升调。用“巧”“神”这样的字眼称赞石工，语调激昂。
踏天｜磨刀｜割｜紫云。	升调。把采凿砚石比作“割紫云”，大气磅礴。
佣刓｜抱水｜含｜满唇，	升调。略激昂，赞美雕刻工艺的精巧。
暗洒｜苌弘｜冷｜血痕。	升调。用典赞美砚上青花。
纱帷｜昼暖｜墨花春，	平调。语调轻柔。
轻沤｜漂沫｜松麝薰。	平调。语调轻快，心情愉悦，好像闻到一股墨香。
干腻｜薄重｜立｜脚匀，	升调。赞叹这块砚石是佳品。
数寸｜光秋｜无｜日昏 。	平调。写墨的色泽明亮。
圆毫｜促点｜声｜静新，	平调。由墨写用笔。
孔砚｜宽顽｜何｜足云。	升调。诗人意犹未尽，与孔砚对比，再次称赞。

寄端砚与樊茂实因作诗以遗之

【作者生平】

张九成（1092—1159），杭州钱塘人，字子韶，号横浦居士，又号无垢居士。理学家杨时的弟子。历任著作郎、宗正少卿、权礼部侍郎。著有《横浦集》。

【写作背景】

宋代制砚业与前代相比更为成熟和繁盛。文人墨客除了用砚、赏砚外，还收藏砚、研究砚。在社会活动中也以砚台作为馈赠的礼物，或是前辈对后代寄予厚望之礼，或是同辈之间的以示亲密之礼。端砚被誉为“宋代四大名砚”之首，更是馈赠佳礼。张九成非常珍爱这方砚台，自己不舍得用，而赠予樊茂实。

【朗读指导】

端溪｜石砚｜天下｜奇，	升调。所咏之物天下称“奇”，略激昂。
紫光｜夜半｜吐｜虹霓。	升调。语调上扬。
不随｜凡石｜追｜时好，	降调。语气坚定。
真与｜日月｜争｜光辉｜。	升调。赞美端砚的高风亮节。
韬藏｜久矣｜不乱｜用，	降调。表达对收藏的端砚的珍视。
惟恐｜翰墨｜污染｜之。	平调。交代不敢用这方砚的原因。
樊子文章｜有｜余地，	降调。赞美樊子的才华。

汪汪万顷｜谁｜敢｜窥。	升调。强调世人不敢小觑樊子。
赠君｜此砚｜勿｜轻弃，	降调。希望樊子爱护好这方端砚。
经史｜妙处｜其｜发挥。	平调。介绍这方端砚的作用。
飞流｜溅沫｜满｜天下，	降调。语气坚定。
要使｜咳唾｜皆｜珠玑。	升调。对樊子寄予厚望。

端砚铭（其一）

【作者生平】

苏轼（1037—1101），北宋文学家、书画家。字子瞻，号东坡居士，眉州眉山（今四川省眉山市）人，苏洵次子。他在诗、词、文、书、画等方面均取得很高成就。文明白畅达，为“唐宋八大家”之一；诗题材广阔，清新豪健，善用夸张比喻，独具风格，与黄庭坚并称“苏黄”；词开豪放一派，与辛弃疾同是豪放派代表，并称“苏辛”；擅长行书、楷书，与蔡襄、黄庭坚、米芾并称“宋四家”；擅长文人画，尤擅墨竹、怪石、枯木等，具有“诗中有画，画中有诗”的艺术造诣。

【写作背景】

宋代文人除了收藏砚、研究砚，还参与设计砚，在砚上镌刻铭文更是成为风尚。酷爱砚石的苏轼晚年被贬惠州时曾到过端溪砚坑，目睹众人艰难的采石过程，深有感触，就在一方端砚镌刻了这篇铭文。

【朗读指导】

千夫｜挽绠，	平调。语气沉重。
百夫｜运斤。	平调。描述成百上千人在砚坑劳作的场景。
篝火｜下缒，	降调。强调端砚开采的艰辛。
以出｜斯珍。	升调。表达珍贵的端砚来之不易。
一嘘｜而泫，	降调。强调端砚的优点。
岁久｜愈新。	升调。略激昂。
谁其｜似之，	降调。深思状。
我怀｜斯人。	升调。表达诗人对如端砚一样品性贤人的渴求。

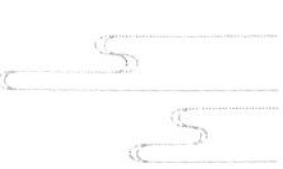

唐秀才赠端州紫石砚以诗答之

【作者生平】

刘禹锡（772—842），唐文学家、哲学家。字梦得，河南洛阳人。诗文俱佳，涉猎题材广泛，与柳宗元并称“刘柳”，晚年与白居易合称“刘白”，留下《陋室铭》《竹枝词》《杨柳枝词》《乌衣巷》等名篇。著有《刘梦得全集》。

【写作背景】

刘禹锡生性豁达，是风雅中人，唐秀才以端砚赠之，可以说是最雅致、最有意义的礼物了，故他以诗答谢。

【朗读指导】

端州 | 石砚 | 人间 | 重，　　降调。语气坚定。

赠我 | 因知 | 正 | 草玄。　　升调。感受到朋友赠砚的深厚情谊。

阙里 | 庙堂 | 空 | 旧物，　　降调。语气坚定。

开方 | 灶下 | 岂 | 天然。　　升调。对比烧制砚，端砚更胜一筹。

玉蜍 | 吐水 | 霞光 | 静，　　平调。语气轻柔。

彩翰 | 摇风 | 绛锦 | 鲜。　　平调。描述书房的氛围非常和谐。

此日 | 慵工 | 记 | 名姓，　　降调。描述近日倦于练习书法的状态。

因君 | 数到 | 墨池 | 前。　　升调。自己很受鼓舞，屡起临池之兴。

三、款款临风

请完成以下字帖描红。

杨生青花紫石砚歌

［唐］李贺

端州石工巧如神，

踏天磨刀割紫云。

佣刓抱水含满唇，

暗洒苌弘冷血痕。

纱帷昼暖墨花春，
轻沤漂沫松麝薰。
干腻薄重立脚匀，
数寸光秋无日昏。
圆毫促点声静新，
孔砚宽顽何足云。

寄端砚与樊茂实因作诗以遗之

［宋］张九成

端溪石砚天下奇，
紫光夜半吐虹霓。
不随凡石追时好，
真与日月争光辉。
韬藏久矣不乱用，
惟恐翰墨污染之。
樊子文章有余地，
汪汪万顷谁敢窥。
赠君此砚勿轻弃，
经史妙处其发挥。
飞流溅沫满天下，
要使咳唾皆珠玑。

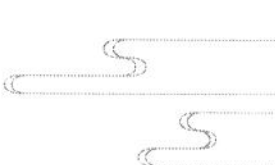

端砚铭（其一）

［宋］苏轼

千夫挽绠，百夫运斤。
篝火下缒，以出斯珍。
一嘘而泫，岁久愈新。
谁其似之，我怀斯人。

唐秀才赠端州紫石砚以诗答之

［唐］刘禹锡

端州石砚人间重，
赠我因知正草玄。
阙里庙堂空旧物，
开方灶下岂天然。
玉蜍吐水霞光静，
彩翰摇风绛锦鲜。
此日慵工记名姓，
因君数到墨池前。

四、娓娓道来

（一）教材“博观约取”里介绍了麻子坑的由来。其实端砚作为四大名砚之首，据说有十大名坑。请查阅十大名坑的资料，了解它们的具体位置、砚石特色等，总结并整理十大名坑列表。

名称	地点	砚石特色

（二）端砚的制作讲究石、工、艺。根据教材“博观约取”里介绍的端砚制作工艺，再进一步查阅资料，归纳整理端砚的制作工序、工艺等（表格自行制作），并给同学们讲述。

（三）端砚之所以名贵，除了有独特的石质外，还有丰富多彩、变化莫测的石品花纹（又称石品）。端砚艺人们依据这些花纹的大小、形状、色彩，分别与自然界某些物象相似的名称来命名，并巧妙地运用到端砚的艺术创造中，大大提升了端砚的价值。请同学们查阅资料，从面、点、线的角度对端砚的石品进行分类介绍（表格自行制作），并给同学们讲述它们的特点。

提示：上述三题，总结整理事迹时，注意尽量寻找权威材料，以多篇材料能相互印证为佳。

五、跃跃欲试

（一）实践目标

端砚制作技艺是广东省肇庆市传统手工技艺，2006 年 5 月 20 日，端砚制作技艺经中华人民共和国国务院批准列入第一批国家级非物质文化遗产名录，自此传统的端砚制作技艺得以发扬光大。在这个过程中，国家级非物质文化遗产端砚制作技艺项目代表传承人程文、中国文房四宝制砚艺术大师梁焕明等大师们做出了卓越的贡献。通过找寻当代的端砚制作技艺大师，感受工匠精神，厚植文化传统，提升文化自信和文化品位。

（二）实践过程

1. 了解广东省当前有哪些著名的端砚制作技艺大师，了解他们的人生轨迹。

2. 实地走访大师工作室、美术馆、博物馆，收集他们的故事，感受他们的工匠精神和审美意趣。

3. 整理编辑相关资料，做成 × × 端砚制作技艺大师小档案。

4. 收集相关照片、录像制作小视频，以青年的视角和叙事方式讲述他们与端砚的故事。

5. 班级分享实践成果，也可以分小组上传视频网站，以点赞或收藏量做排行。

6. 可以自由组成不超 5 人的小组共同完成，也可 1 人独立完成。

（三）实践成果

1. 编辑端砚制作技艺大师小档案。

2. 制作关于端砚制作技艺的小视频。

第四课　玉琢成器

一、声声入耳

扫二维码听朗诵录音；结合注释，参考教材译文，体会诗文中蕴含的思想感情。

淇　奥[1]

《诗经·卫风》

瞻彼淇奥，绿竹猗猗[2]。有匪[3]君子，如切如磋[4]，如琢如磨[5]。瑟兮僩(xiàn)兮[6]，赫兮咺(xuān)[7]兮。有匪君子，终不可谖(xuān)[8]兮。

瞻彼淇奥，绿竹青青。有匪君子，充耳[9]琇(xiù)莹[10]，会弁(kuài biàn)[11]如星。瑟兮僩兮，赫兮咺兮。有匪君子，终不可谖兮。

瞻彼淇奥，绿竹如箦(zé)[12]。有匪君子，如金如锡[13]，如圭如璧[14]。宽兮绰兮，猗重较[15]兮。善戏谑兮，不为虐兮。

【注释】

1. 淇奥：淇，水名，在今河南北部，源出淇山。奥，水边弯曲的地方。
2. 猗猗：美丽繁茂的样子。
3. 匪：同“斐”，有文采的样子。
4. 切磋：本义是加工玉石骨器，引申为讨论研究学问。
5. 琢磨：本义是玉石骨器的精细加工，引申为学问道德上钻研深究。
6. 瑟、僩：瑟，仪容庄重的样子。僩，神态威严。
7. 咺：威仪显著。
8. 谖：忘记。
9. 充耳：挂在冠冕两旁的饰物，下垂至耳，常用玉石制成。
10. 琇莹：似玉的美石，用以装饰。
11. 会弁：冠冕的缝合处。会，缝隙；弁，古代贵族男子穿礼服时戴的帽子。

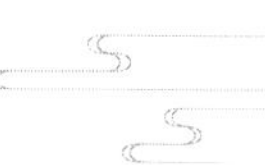

12. 簀：同“积”，堆积。

13. 金、锡：黄金和锡，一说铜和锡。

14. 圭、璧：圭，玉制礼器，上尖下方，在举行隆重仪式时使用。璧，玉制礼器，正圆形，中有小孔，贵族朝会或祭祀时使用。

15. 猗重较：猗，同“倚”。较，古时车两旁做扶手的曲木或曲铜钩。重较，双较。

诲学说

[宋]欧阳修

玉不琢，不成器[1]；人不学，不知道[2]。然玉之为物，有不变之常德[3]，虽不琢以为器，而犹不害为玉也。人之性，因物则迁[4]，不学，则舍君子而为小人，可不念[5]哉？

【注释】

1. 玉不琢，不成器：语出《礼记·学记》。琢，雕刻玉石。

2. 不知道：不懂得道理。道，规律，道理；也指学问、思想、道德。

3. 常德：永久的特性。常，永久。德，品行。这里指玉的特性。

4. 因物则迁：受外界事物的影响而发生变化。有人认为，人性是可以改变的，是受外界事物的影响而发生变化的，其中学习起着重要作用。

5. 念：考虑，深思。

天工开物（节选）

[明]宋应星

凡玉初剖时，冶铁为圆盘，以盆水盛沙，足踏圆盘使转，添沙[1]剖玉，逐忽划断。中国解玉沙出顺天玉田与真定、邢台两邑。其沙非出河中，有泉流出精粹如面，借以攻玉，永无耗折。既解之后，别施精巧功夫。得镔铁[2]刀者，则为利器也。镔铁亦出西番哈密卫砺石中，剖之乃得。

【注释】

1. 添沙：研磨、琢磨玉的硬砂。一种是石榴石，常用的为铁铝榴石，红色透明，硬度为7，产于河北邢台；另一种为刚玉，天然结晶氧化铝，有蓝、红、灰白等色，硬度为9，产于河北平山。

2. 镔铁：精炼的铁。

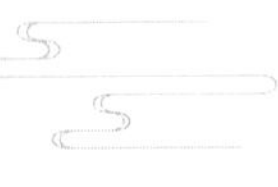

二、朗朗上口

在了解诗文背景的基础上，借助标记符号朗诵诗文。参照相应的朗诵录音，不断提升自己的诵读水平。初期可以跟随录音诵读。

淇　奥

【作者生平】

这首诗歌选自《诗经·卫风》，是先秦时期卫国的歌谣，作者不可考，但应该是卫国人。卫国，先秦姬姓诸侯国。西周初，周公平定东方殷商故土的叛乱活动后，任命其弟康叔封坐镇河、淇间以控驭东方。叔封初封于康（今河南禹州西北），后不知何时改康为卫。西周末年，卫武公在政治上甚为活跃，周平王东迁也曾得到他的支持。春秋之初，卫国仍是东方的大国。前660年被狄人击败，靠齐的帮助，迁到楚丘（今河南滑县东），从此成为小国。前629年，又迁都帝丘（今河南濮阳东南）。战国时，国势更弱。前254年为魏所灭，成为魏的附庸，后被秦迁到野王（今河南沁阳），作为秦的附庸。前209年为秦所灭。

【写作背景】

《诗经》中有许多人物的赞歌，称赞的对象也很广泛。其中重要一类被称颂的对象，是各地的良臣名将。先秦时代，正是中华民族不断凝聚走向统一的时代，人们希望过上和平、富裕的生活。在那样一个时代，人们自然把希望寄托在圣君贤相、能臣良将身上。赞美他们，实际上是表达一种生活的向往。《淇奥》便是这样一首诗歌。据《毛诗序》说："《淇奥》，美武公之德也。有文章，又能听其规谏，以礼自防，故能入相于周，美而作是诗也。"这个武公，是卫国的武和，生于西周末年，曾经担任过周平王（前770—前720）的卿士。史传记载，武和晚年九十多岁了，还是谨慎廉洁从政，宽容别人的批评，接受别人的劝谏，因此很受人们的尊敬，人们作了这首《淇奥》来赞美他。

【朗读指导】

瞻彼｜淇奥，	平调。舒缓的节奏。
绿竹｜猗猗。	升调。开篇以"绿竹"起兴。
有匪｜君子，	平调。舒缓的节奏。
如切｜如磋，	升调。略激昂。
如琢｜如磨。	升调。称赞君子治学严谨，学问很深。
瑟兮｜僩兮，	平调。舒缓的节奏。
赫兮｜咺兮。	升调。赞美他庄重威严的仪态。

有匪｜君子，	平调。舒缓的节奏。
终｜不可｜谖兮。	降调。强调这样德才兼备的君子是不能忘记的。
瞻彼｜淇奥，	平调。舒缓的节奏。
绿竹｜青青。	升调。再次以“绿竹”起兴。
有匪｜君子，	平调。舒缓的节奏。
充耳｜琇莹，	升调。略激昂。
会弁｜如星。	升调。描写君子华贵的装饰。
瑟兮｜僩兮，	平调。舒缓的节奏。
赫兮｜咺兮。	升调。写外表而映衬他的品德。
有匪｜君子，	平调。舒缓的节奏。
终｜不可｜谖兮。	降调。强调这样德才兼备的君子是不能忘记的。
瞻彼｜淇奥，	平调。舒缓的节奏。
绿竹｜如箦。	升调。再次以“绿竹”起兴。
有匪｜君子，	平调。舒缓的节奏。
如金｜如锡，	升调。略激昂。
如圭｜如璧。	升调。称赞君子的品行高洁。
宽兮｜绰兮，	平调。舒缓的节奏。
猗｜重较｜兮。	升调。描写君子气定神闲的形态。
善戏｜谑兮，	平调。舒缓的节奏。
不为｜虐兮。	降调。称赞君子风趣幽默，不伤人。

诲学说

【作者生平】

欧阳修（1007—1072），北宋文学家、史学家。字永叔，号醉翁，晚号六一居士，吉州吉水（今属江西）人。天圣进士，曾任枢密副使、参知政事。早年支持范仲淹主持的“庆历新政”，要求在政治上有所改革。神宗即位，因议新法，与王安石意见不合，坚请致仕，卒谥“文忠”。所作文章说理畅达，抒情委婉，为北宋古文运动领袖，“唐宋八大家”之一。曾与宋祁合修《新唐书》，独撰《新五代史》。有《欧阳文忠公文集》。

【写作背景】

这篇文章是欧阳修写给他的儿子，教导其努力学习的短文。“玉不琢，不成器；人不学，不知道”原是《礼记·学记》中的话，欧阳修在这里把玉的成器和人的成才加以对比，说明学习的重要性。他认为美玉不琢不磨，虽不成器物，仍不失为玉；人不学习，则会变成品行不好的小人，危害甚大，因而勉励儿子要努力学习，力求上进，成为品学兼优的人，而不要沦为小人。

【朗读指导】

玉｜不琢，不｜成器；人｜不学，不｜知道。然｜玉｜之为物，有｜不变｜之常德，虽｜不琢｜以为器，而犹｜不害｜为玉也。人｜之性，因物｜则迁，不｜学，则｜舍君子｜而｜为小人，可不｜念哉？

天工开物（节选）

【作者生平】

宋应星（1587—？），明代科学家。字长庚，江西奉新人。万历举人。后虽6次赴京师参加会试，未考取进士，于是放弃科举，转而钻研科学技术。历任江西分宜教谕、福建汀州府（治今长汀）推官、南京亳州（今属安徽）知州等职。崇祯十七年（1644），清兵入关，宋应星弃官回乡，后曾仕南明，一说曾参加过南明政府的抗清斗争，失败后云游四方。约死于清顺治年间。宋应星从青年时代开始，从未间断科学研究活动。重视“济世实用”之学，认为如不亲自进行观察、调查，就无法掌握事物本质。经常深入实际，学习劳动者生产知识，加以研究、总结。著有《天工开物》《野议》《论气》《谈天》等。

【写作背景】

宋应星出身官宦世家，少有大志，博览经、史、子、集，才大学博，无奈仕途不顺，一生坎坷。科举失败后，宋应星转向家学。他虽没有实现济世安民的抱负，却在实学之路上达到了一般书生未能企及的高度，为人类奉献了《天工开物》这部科学巨著。

《天工开物》是我国明代末年专门研究各种生产技术的著作。宋应星崇祯七年（1634）任江西分宜教谕，《天工开物》就是在这时候写成的。《天工开物》分上、中、下三卷，成书于崇祯九年（1636）。《天工开物》一书内容繁缛，涉及了当时几乎所有手工技艺，对从原料到成品的全部生产过程和工序都有较详细的说明和记录，反映了当时科技的新水平。此书除文字外，还附有许多精美细致的插图，对了解明代的版画插图亦有一定参考价值。《天工开物》是中国古代科技史上里程碑式的著作，也是世界科技史上的名著。

【朗读指导】

凡｜玉｜初剖时，冶铁｜为圆盘，以盆｜水盛沙，足踏｜圆盘｜使转，添沙｜剖玉，逐忽｜划断。中国｜解玉沙｜出｜顺天玉田｜与｜真定、邢台｜两邑。其沙｜非出｜河中，

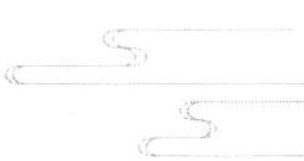

有泉｜流出｜精粹如面，借以｜攻玉，永无｜耗折。既解｜之后，别施｜精巧｜功夫。得｜镔铁刀｜者，则为｜利器也。镔铁｜亦出｜西番哈密卫｜砺石中，剖之｜乃得。

三、款款临风

请完成以下字帖描红。

淇奥

《诗经·卫风》

瞻彼淇奥，绿竹猗猗。有匪君子，如切如磋，如琢如磨。瑟兮僩兮，赫兮咺兮。有匪君子，终不可谖兮。

瞻彼淇奥，绿竹青青。有匪君子，充耳琇莹，会弁如星。瑟兮僩兮，赫兮咺兮。有匪君子，终不可谖兮。

瞻彼淇奥，绿竹如箦。有匪君子，如金如锡，如圭如璧。宽兮绰兮，猗重较兮。善戏谑兮，不为虐兮。

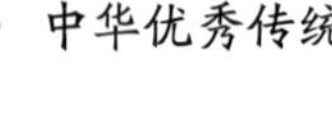

诲学说

[宋] 欧阳修

玉不琢，不成器；人不学，不知道。然玉之为物，有不变之常德，虽不琢以为器，而犹不害为玉也。人之性，因物则迁，不学，则舍君子而为小人，可不念哉？

天工开物（节选）

[明] 宋应星

凡玉初剖时，冶铁为圆盘，以盆水盛沙，足踏圆盘使转，添沙剖玉，逐忽划断。中国解玉沙出顺天玉田与真定、邢台两邑。其沙非出河中，有泉流出精粹如面，借以攻玉，永无耗折。既解之后，别施精巧功夫。得镔铁刀者，则为利器也。镔铁亦出西番哈密卫砺石中，剖之乃得。

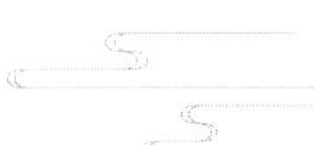

四、娓娓道来

（一）教材“博观约取”里根据故宫博物院馆藏的《玉作图》介绍了清代绘制的捣沙和研浆、开玉和裁玉料等琢玉工艺。中国琢玉工艺经过几千年的发展，以精美的技艺和优美的纹饰著称于世，成为世界上独一无二的艺术。在现代专用设备研制成功以前，琢玉是繁重的体力劳动和手工劳动，请查阅资料，总结我国古玉器的雕琢工艺，按顺序填入下表（此表可自行扩展）。

工序	工艺	所用工具

（二）新中国成立以后，研制成功了新式琢玉机和许多专用设备，使用钻石粉工具，从而使琢玉工匠们摆脱了繁重的体力劳动，提高了工作效率，增强了玉雕艺术的表现力。请查阅资料，按上题方式总结现代玉器的雕琢工艺（表格自行制作），并给同学们详细讲述现代玉器雕琢工艺的优势。

（三）我国的陶瓷是可以媲美玉器的另外一种质高形美工艺美术品，具有高度的艺术价值，世界闻名。请查阅资料，了解陶瓷工艺品的工艺流程（表格自行制作），然后与同学们进行交流。

提示：上述三题，总结整理事迹时，注意尽量寻找权威材料，以多篇材料能相互印证为佳。

五、跃跃欲试

（一）实践目标

中国玉器文化源远流长，发展到今天，中国已经成为全球最大的翡翠玉石贸易加工中心，同时中国也是全球最大的翡翠玉石消费市场。广东省有四大传统玉器市场，各有特色。实地探访身边的玉器市场，近距离接触玉器实物、玉器工匠、玉器消费者等群体，深入了解中国玉文化，增强对中国传统文化的认同感和自豪感，进一步形成正确的人生观和价值观。

（二）实践过程

1. 查阅资料，收集广州华林街玉器市场、四会玉器市场、平洲玉器街和揭阳玉器市场的详细资料，包括具体的地点、开办时间和货源特色等。

2. 利用节假日分组实地走访四个传统玉器市场，通过问卷调查、现场访谈等方式，进一步走访了解市场的玉器器型、玉器制作、玉器销售和玉器消费等内容，对广东省的玉器产业发展和玉文化的传承情况形成直观的认识。

3. 收集相关图片、录像制作小视频，讲述所考察市场让你触动的故事，每个小组制作一个小视频。

4. 整理文字资料和图片完成玉器市场的考察报告，每人提交一份考察报告。

5. 班级分享实践成果。

（三）实践成果

1. 制作主题为玉器和玉器市场的小视频。

2. 完成玉器市场考察报告。

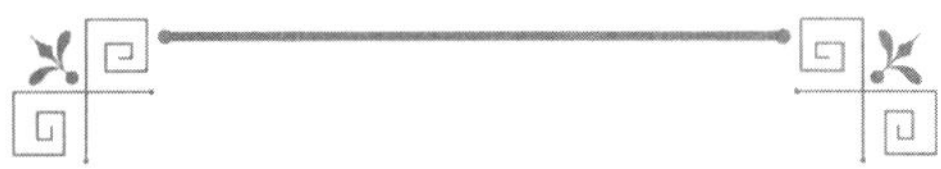

处世之道

第一课　有志竟成

一、声声入耳

扫二维码，看注释，听朗诵录音。参考教材译文，体会诗文中蕴含的思想感情。

劝学

[唐] 颜真卿

三更[1]灯火五更[2]鸡[3]，正是男儿读书时。

黑发[4]不知勤学早，白首[5]方悔读书迟。

【注释】

1. 三更：古时一夜分为五更，三更是指夜间十一点至凌晨一点。
2. 五更：第五更的时候，指凌晨三点至五点。
3. 鸡：指鸡打鸣。
4. 黑发：年轻时，指少年。
5. 白首：人老了，指老年。

竹石

[清] 郑燮

咬定[1]青山不放松，立根[2]原在破岩[3]中。

千磨万击还坚劲[4]，任[5]尔东西南北风。

【注释】

1. 咬定：咬紧，指扎根于山石之中。
2. 立根：扎根。
3. 破岩：裂开的山岩，即岩石的缝隙。
4. 千磨万击还坚劲：历经无数的磨难和打击，仍然健壮挺拔。

5. 任：任凭、不管。

少年中国说（节选）

梁启超

少年智则国智，少年富则国富；少年强则国强，少年独立则国独立；少年自由则国自由；少年进步则国进步；少年胜于欧洲，则国胜于欧洲；少年雄于地球，则国雄于地球。红日初升，其道大光。河[1]出伏流[2]，一泻汪洋。潜(qián)龙腾渊(yuān)，鳞(lín)爪(zhǎo)飞扬。乳虎[3]啸(xiào)谷，百兽震惶(huáng)。鹰隼(sǔn)[4]试翼，风尘翕(xī)张。奇花初胎，矞(yù)矞皇皇[5]。干将(gān jiāng)[6]发硎(xíng)[7]，有作其芒[8]。天戴其苍，地履(lǚ)其黄[9]。纵有千古，横有八荒[10]。前途似海，来日方长。美哉我少年中国，与天不老！壮哉我中国少年，与国无疆！

【注释】

1. 河：黄河。
2. 伏流：水流地下。
3. 乳虎：初生的老虎。
4. 鹰隼：指鹰类猛禽。隼，一种凶猛的鸟。
5. 矞矞皇皇：华美瑰丽，富丽堂皇。
6. 干将：古剑名，后泛指宝剑。
7. 发硎：刀刃新磨。硎，磨刀石。
8. 有作其芒：发出光芒。
9. 天戴其苍，地履其黄：头顶着苍天，脚踏着黄土大地。
10. 八荒：指东、南、西、北、东南、东北、西南、西北八个方向上极远的地方。《说苑·辨物》：“八荒之内有四海，四海之内有九州。”

二、朗朗上口

在了解诗歌背景的基础上，借助标记符号朗诵诗文。参照相应的朗诵录音，不断提升自己的诵读水平。初期可以跟随录音诵读。

劝学

【作者生平】

颜真卿（709—784），唐代大臣，书法家。字清臣，京兆万年（今陕西西安）人。开

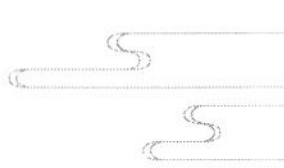

元年间（713—741）中进士，登甲科，曾4次被任命为监察御史，迁殿中侍御史。为人刚正不阿，为奸相杨国忠所排斥，出任平原太守。安禄山叛乱，他联络从兄常山太守杲卿起兵抵抗，附近十七郡响应，被推为盟主，使禄山不敢急攻潼关。官至吏部尚书、太子太师，封鲁郡公，人称“颜鲁公”。德宗建中三年（782）李希烈叛，陷汝州，卢杞奏请使颜真卿前往劝谕，持节不屈，为希烈缢死。有《颜鲁公文集》。

【写作背景】

《劝学》是颜真卿所写的一首七言古诗。颜真卿三岁丧父，家道中落，母亲殷氏对他寄予厚望，实行严格的家庭教育，亲自督学。颜真卿也格外勤奋好学，每日苦读。这首诗正是颜真卿为了勉励后人所作，劝勉年轻人要珍惜青春年华，发奋苦读，有所作为。

【朗读指导】

三更 | 灯火 | 五更鸡，	平调。用客观现象写时间早。
正是 | 男儿 | 读书时。	平调。表达年少学习应该有不分昼夜的态度。
黑发 | 不知 | 勤学早，	升调。略激昂。劝勉年轻人要及早学习，并持之以恒，不要虚度光阴。
白首 | 方悔 | 读书迟。	降调。沉重。“黑发”与“白首”前后呼应，“早”和“晚”形成对比，表达一种不重视后天学习的后悔之情。

竹石

【作者生平】

郑燮（1693—1766），清代书画家、文学家。扬州八怪之一。字克柔，号板桥，江苏兴化人。出身贫寒士子家庭。幼年丧母，少年时从学于乡先辈陆震。20余岁童试中秀才，雍正十年（1732）乡试中举人，乾隆元年（1736）中进士。曾任山东范县、潍县知县。为政有干才，痛恨官场腐败作风，同情底层百姓。以助农民胜讼及办理赈济，得罪豪绅而罢官。做官前后均居扬州卖画。擅画兰、竹，工书法。工诗词，描写民间疾苦颇为深切。有《板桥全集》。

【写作背景】

这首诗是郑燮晚年之作，题在自己创作的竹石图上，既是一首题画诗，也是一首托物言志的咏物诗，借咏岩竹坚韧顽强的形象，赞美刚正不阿、顽强不屈的操守，其中亦融入了作者自身的人格。生活中的诗人也不畏权贵、正直刚强。诗人画竹、咏竹，所追求的并不仅在于竹的风姿之美，而是在竹的形象中灌注了自己的价值追求和人格理想，从而使竹透露出一种意在言外的别饶风致和人格之美。

【朗读指导】

咬定｜青山｜不放松， 立根｜原在｜破岩中。	平调。“咬”“立”两个动词用拟人的手法写出了竹子扎根破岩的姿态，传神地表达出竹子咬定青山的坚定意志。
千磨｜万击｜还坚劲，	升调。表达出竹子历经千万次的磨炼。
任尔｜东西｜南北风。	降调。表达出竹子迎风傲立、无所畏惧的坚韧品格。

少年中国说（节选）

【作者生平】

梁启超（1873—1929），字卓如，号任公，别号饮冰室主人。中国思想家、学者，戊戌维新运动领袖之一。广东新会（今江门市新会区）人，光绪十五年（1889）中举人。师从康有为，接受了变法维新思想，成为康有为的得力助手。光绪二十四年（1898）入京，参与百日维新，以六品衔办京师大学堂、译书局。戊戌政变后逃亡日本，辛亥革命后担任北洋政府司法总长、财政总长。晚年在清华学校（今清华大学）讲学。著述涉及政治、经济、哲学、历史、宗教及文化艺术、文字音韵等，有《饮冰室合集》，今辑有《梁启超全集》。

【写作背景】

1898年戊戌变法失败后，梁启超逃亡日本，创办了《清议报》（1902年改名《新民丛报》）。《少年中国说》于光绪二十六年（1900）发表于《清议报》，是“振民气”之作。针对欧、日诸国污蔑中国为“老大帝国”，作者提出“有少年中国在”，希望打破古老中国死气沉沉的局面，希望中国恢复活力，希望青年一代能够创造一个繁荣富强、充满生气的“少年中国”。作者的爱国热情在字里行间充溢，笔下的墨水和身上的热血在一起沸腾，毫无掩饰地流泻到纸上，留下了这些灼人的文字。文中的“少年”这个词，含义相当于现代汉语中的“青少年”。

【朗读指导】

少年智｜则国智，少年富｜则国富；少年强｜则国强，少年独立｜则国独立；少年自由｜则国自由；少年进步｜则国进步；少年胜于欧洲，则国｜胜于欧洲；少年雄于地球，则国｜雄于地球。	语调由轻到重，整体气势由弱到强，读出一种希望，表达建设少年中国的责任在于中国少年。

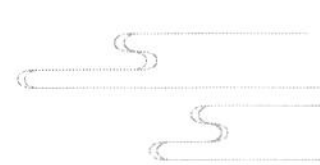

红日初升，其道｜大光。河出伏流，一泻汪洋。潜龙腾渊，鳞爪飞扬。乳虎啸谷，百兽震惶。鹰隼试翼，风尘翕张。奇花初胎，矞矞皇皇。干将发硎，有作其芒。天戴其苍，地履其黄。纵有千古，横有八荒。前途似海，来日方长。

整体升调。情绪始终高亢、充满力量，铿锵有力，节奏明快，边读边想象画面，读出少年中国的朝气蓬勃和巨大声威，读出少年中国的奋发有为和光芒四射，让人感受到少年中国的前程灿烂、繁荣昌盛和富强壮美。

美哉｜我少年中国，与天不老！壮哉｜我中国少年，与国｜无疆！

整体升调。直抒胸臆，热情赞颂少年中国"与天不老"，讴歌中国少年"与国无疆"，表达对少年中国的无限向往之情。

三、款款临风

请完成以下字帖描红。

劝学

［唐］颜真卿

三更灯火五更鸡，

正是男儿读书时。

黑发不知勤学早，

白首方悔读书迟。

竹石

［清］郑燮

咬定青山不放松，

立根原在破岩中。

千磨万击还坚劲，

任尔东西南北风。

少年中国说（节选）

梁启超

少年智则国智，少年富则国富；少年强则国强，少年独立则国独立；少年自由则国自由；少年进步则国进步；少年胜于欧洲，则国胜于欧洲；少年雄于地球，则国雄于地球。红日初升，其道大光。河出伏流，一泻汪洋。潜龙腾渊，鳞爪飞扬。乳虎啸谷，百兽震惶。鹰隼试翼，风尘翕张。奇花初胎，矞矞皇皇。干将发硎，有作其芒。天戴其苍，地履其黄。纵有千古，横有八荒。前途似海，来日方长。美哉我少年中国，与天不老！壮哉我中国少年，与国无疆！

四、娓娓道来

（一）教材“博观约取”里介绍了我国东晋时期的著名书法家王献之与十八缸水的故事。王献之自小跟随父亲练习书法，胸怀大志，其父亲是被称为“书圣”的王羲之，同样是一位志存高远的人。他的《兰亭序》被历代书法大家公认为举世无双的“天下第一行书”，是书法界不可逾越的高峰。请查阅资料，总结并整理王羲之自小练习书法的故事，并给同学们讲述他的故事。

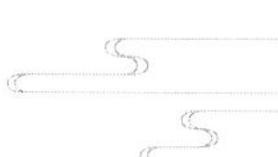

（二）古代“有大志”，终有成就的人不计其数：秦始皇嬴政的志向是统一六国，祖逖的志向是平治天下，鲁班的志向是成为一名优秀的工匠，李时珍的志向是成为医药专家……可见人生在世，志不可夺。但是，志向的远大意味着一时之间难以达到，实现志向的过程也一定充满了艰难困苦，只有在困境中执着追求，持之以恒，付出长期的努力，才能最终达到自己人生的目标，正所谓“志存高远，锲而不舍”。请你选取一位古代的仁人志士，并给同学们讲述他们立志、守志、得志的故事。

（三）2010 年，我国加入世界技能组织并从 2011 年开始参加世界技能大赛。世界技能大赛基本上每两年举办一届，是当今世界规模最大、影响力最大的职业技能赛事，被誉为“世界技能奥林匹克”。

2019 年 8 月 22 日，中国代表团共 63 名世赛选手参加了在俄罗斯喀山举行的第 45 届世界技能大赛，获得了 16 枚金牌、14 枚银牌、5 枚铜牌和 17 个优胜奖，荣登金牌榜、奖牌榜、团体总分第一。获得金牌的项目是数控车、数控铣、焊接、综合机械与自动化、制造团队挑战赛、建筑石雕、车身修理、电子技术、电气装置、砌筑、移动机器人、花艺、美发、时装技术、混凝土建筑、水处理技术。请了解金牌获奖者，并讲述其中 1 名金牌选手奖牌背后的成才故事。

五、跃跃欲试

（一）实践目标

志向是人生的发展目标，在中国传统文化的意义上，立志和做人密切相关。通过学习身边的榜样，立志成长，筑梦青春，逐梦前行，成就自我，实践技能报国。

（二）实践过程

1. 观看《大国工匠》《技行天下》纪录片，收集相关照片、整理编辑广东名匠的奋斗故事，做成手抄报。

2. 采访一名学校技艺精湛的老师或者同学。

3. 结合自己的专业，制订一份实现目标的学习计划。

4. 班级展示手抄报，派代表介绍广东名匠的奋斗故事，结合老师或同学的实践经验，分享自己的学习计划。

5. 可以自由组成不超 5 人的小组共同完成，也可 1 人独立完成。

（三）实践成果

1. 每人写一篇纪录片的观后感，完成一份学习计划。

2. 小组完成一份手抄报，录制一个访谈视频。

3. 为举办广东名匠故事会草拟活动方案。

第二课　行远自迩

一、声声入耳

扫二维码听朗诵录音；结合注释，参考教材译文，体会诗文中蕴含的思想感情。

老子·第六十四章（节选）

[春秋] 老子

合抱[1]之木，生于毫末[2]；九层之台，起于累土[3]；千里之行，始于足下。

【注释】

1. 合抱：两臂围拢那么粗，形容树木粗大。
2. 末：极细微。指刚刚萌芽的小树。
3. 累土：一筐一筐土累积起来。

荀子·劝学（节选）

[战国] 荀子

故不积跬（kuǐ）[1]步，无以[2]至千里；不积小流，无以成江海。骐骥（qí jì）[3]一跃，不能十步；驽（nú）马十驾[4]，功在不舍[5]。锲[6]而舍之，朽木不折；锲而不舍，金石可镂[7]。

【注释】

1. 跬：古代称跨出一脚为“跬”，跨两脚为“步”。
2. 无以：没有用来……的（办法）。
3. 骐骥：骏马。
4. 驽马十驾：劣马拉车连走十天（也能到达）。驽马，劣马；驾，马拉车一天所走的路程。
5. 功在不舍：（它的）成绩来源于走个不停。舍，停。
6. 锲：刻。
7. 镂：雕刻。

曾国藩家书（节选）

[清] 曾国藩

年无[1]分老少，事无分难易，但行之有恒，自如种树畜养[2]，日[3]见其大而不觉耳[4]。

【注释】

1. 无：不。
2. 畜养：饲养动物。
3. 日：每天。
4. 耳：罢了。

二、朗朗上口

在了解诗歌背景的基础上，借助标记符号朗诵诗文。参照相应的朗诵录音，不断提升自己的诵读水平。初期可以跟随录音诵读。

老子·第六十四章（节选）

【作者生平】

老子，春秋时思想家，道家创始人。一说即老聃，姓李名耳，字聃。据《史记》记载，老子为楚国苦县（今河南鹿邑东）厉乡曲仁里人。做过周朝“守藏室之史”（管理藏书的史官），知识渊博，通晓古今，据说孔子也曾向他请教过有关礼仪的问题。后见周室日趋衰微，他厌恶世风日下，乃离开周室，骑牛西去，不知所终。相传《老子》为其所著。

【写作背景】

据说老子在出函谷关前著有五千余言的《老子》一书，是道家的代表性作品。现在一般认为该书编定于战国中期，基本上保留了老子本人的重要思想。全书 5 000 余字，分上下篇，上篇为《道经》，下篇为《德经》，因而又被称为《道德经》。通行本《老子》，一般分为八十一章。

在本章中老子以比喻说理，深入浅出地告诉人们，事物的发展、事物向反面的转化，并不是一下子实现的，需要经历一个数量上不断积累的过程。当祸乱刚出现苗头的时候，比较容易解决；当坏事尚处在脆弱微小的阶段，比较容易消解。平时做好防微杜渐的工作，就能将祸乱消除在发生之前。同时也启示我们，修身立德和治理国家，都要重视开端，从小处着手，从源头做起，重视日积月累，持之以恒，这样才能取得成功。

【朗读指导】

合抱之木，生于毫末；九层之台，起于累土；千里之行，始于足下。

平调，语气平缓。陈述量与质的关系，强调量的积累的重要性。

荀子·劝学（节选）

【作者生平】

荀子（约前313—前238）。战国末期思想家、教育家。名况，字卿，赵国人。据说荀子年十五岁游学于齐国稷下。因齐败于燕，稷下先生分散各国，他也离齐去楚。齐襄王时重回稷下，并三次任稷下学宫的最高学官“祭酒”。他曾西入秦，与秦相讨论秦国的短长。他还游历赵国，与楚将临武君在赵孝成王前辩论军事问题。由于遭受谗言，他最终离开齐国，来到楚国。受楚相春申君的委任，任兰陵令。春申君被杀后，荀子的兰陵令一职被废。他也就滞留于兰陵至终老。韩非、李斯皆其学生。批判和总结了先秦诸子的学术思想，达到先秦哲学的高峰。著有《荀子》。

【写作背景】

《荀子·劝学》为《荀子》开篇之作，主旨在劝勉人努力学习。它使用了大量比喻，说明后天努力和学习的重要性，指出学习贵在锲而不舍、长期积累，用心专一、心无旁骛，特别强调学习之根本目的是培养道德操守，涵育君子人格。本课节选部分，特别强调专心致志和一点一滴的积累在学习中的作用。

【朗读指导】

故 | 不积 | 跬步，无以 | 至千里；不积 | 小流，无以 | 成江海。

平调，前半句语气平缓，后半句语气上扬。强调学习不注重量的积累，就没有办法达到质的变化。

骐骥 | 一跃，不能 | 十步；驽马 | 十驾，功在 | 不舍。锲 | 而舍之，朽木 | 不折；锲 | 而不舍，金石 | 可镂。

平调，读反面句子的语气平缓，读正面句子的语气上扬，形成鲜明的对比。强调学习要靠坚持不懈的主张。

曾国藩家书（节选）

【作者生平】

曾国藩（1811—1872），字伯涵，号涤生，湖南湘乡白杨坪（今属双峰）人。道光十八年（1838）中进士，入翰林院。累迁内阁学士，礼部侍郎，署兵、工、刑、吏部侍郎。咸丰二年底以在籍侍郎身份在湖南办团练，旋扩编为湘军，对抗太平天国。1864年7月攻陷

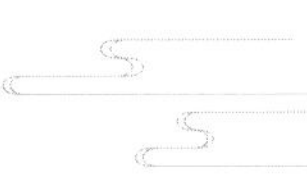

天京。次年奉命督办直隶（今河北）、山东、河南三省军务，镇压捻军，后战败回两江总督任。与李鸿章创办上海江南机器制造总局等近代军事工业，奏请派遣幼童留学美国。1868年授武英殿大学士，调任直隶总督。1870年查办天津教案，惩办民众，对外妥协，受到舆论谴责，回任两江总督。病死南京。有《曾文正公全集》。

【写作背景】

《曾国藩家书》是清道光三十年（1850）到同治十年（1871）前后，二十余年间曾国藩与他的亲人之间的书信集，所涉及的范围极为广泛，既是曾国藩一生之中主要活动的记录，涵盖了他在翰林院和从武生涯的大部分时光，也是他对于修身、为学、为政、交友、治家、用人、理财深入思考过的生动反映。

曾国藩的家书有写给祖父母、父辈的，也有写给兄弟及子辈的。因所寄对象都是家人亲戚，因此行文从容淡定，自由率真，随意放松，运笔自如。在看似平常的家长里短中，蕴含着他的真知灼见和人生体会，字字真情，具有极强的说服力和感染力。

本课节选的是曾国藩一封家书中的一个警句。它特别指出“年无分老少，事无分难易”，只要持之以恒，就会有持续不断的进步。这种把有无恒心作为学习有无成就的关键的教子理论，无疑是完全正确的。

【朗读指导】

年｜无分老少，事｜无分难易，但行之有恒，自如｜种树畜养，日见其大｜而不觉耳。

平调，语气平缓。强调人生拥有恒心是第一美德，与年龄的大小和事情的难易程度无关。

三、款款临风

请完成以下字帖描红。

老子·第六十四章（节选）

合抱之木，生于毫末；九层之台，起于累土；千里之行，始于足下。

荀子·劝学（节选）

故不积跬步，无以至千里；不积小流，无以成江海。骐骥一跃，不能十步；驽马十驾，功在不舍。锲而舍之，朽木不折；锲而不舍，金石可镂。

曾国藩家书（节选）

年无分老少，事无分难易，但行之有恒，自如种树畜养，日见其大而不觉耳。

四、娓娓道来

（一）在《劝学》中表明质变与量变的句子还有很多，请背诵并解读。

（二）古代注重积累并持之以恒成大事者有很多，如东汉思想家王充，他通过坚持不懈地读书、思考、写作，最终用三十多年的时间写出了哲学名著《论衡》；还有唐代的白居易、宋代的欧阳修、清代的袁枚……请选取其中一位，讲述他们的故事。

（三）2020年，华中科技大学博士张霁刚刚毕业，就拿到了华为“天才少年”称号。他是如何从一个高考的落榜生变成一个“天才少年”的？请查找资料，并分享他的故事。

五、跃跃欲试

（一）实践目标

聪明源于勤奋，天才在于积累。古之立大事者，不仅有宏图远志，而且还必须有脚踏实地的实干精神。通过实践活动，提升学生的学习信心，传承古人锲而不舍、持之以恒的优良品质。

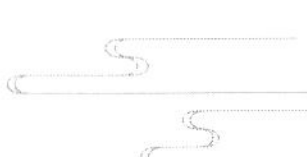

（二）实践过程

1. 收集关于努力和毅力的成语或古诗词，并设计成标语、图片、卡片，形成班级文化特色。

2. 观看节目《挑战不可能》，寻找那些技艺卓绝的大国工匠，录制他们展现技能的片段，制作成小视频。

3. 结合自己的专业，制订并实施一份提升一项专业技能的学习计划，时间为一个月，按计划打卡练习，积累日常训练的图片，记录每一个进步的时刻。

4. 分享一个你在成长中从量变到质变的成功经历。

（三）实践成果

1. 制作关于努力和毅力的标语、图片、卡片。

2. 制作展示大国工匠技艺卓绝的小视频。

3. 制订提升技能的学习计划。

4. 举办主题为“从量变到质变”的经历分享会。

第三课　家国情怀

一、声声入耳

扫二维码听朗诵录音；结合注释，参考教材译文，体会诗文中蕴含的思想感情。

病起[1]书怀

［宋］陆游

病骨[2]支离[3]纱帽宽，孤臣[4]万里客江干[5]。

位卑未敢忘忧国，事定犹须待阖(hé)棺[6]。

天地神灵扶庙社[7]，京华[8]父老望和銮(luán)[9]。

出师一表[10]通今古，夜半挑灯更细看。

【注释】

1. 病起：病愈。
2. 病骨：指多病瘦弱的身躯。
3. 支离：憔悴，衰疲。
4. 孤臣：孤立无助或不受重用的远臣。
5. 江干：江边，江岸。
6. 阖棺：指死亡，诗中意指“盖棺定论”。
7. 庙社：宗庙和社稷，以喻国家。
8. 京华：京城之美称。因京城是文物、人才汇集之地，故称。
9. 和銮：同“和鸾”，古代车上的铃铛。挂在车前横木上称“和”，挂在轭首或车架上称“銮”。诗中代指“君主御驾亲征，收复祖国河山”的美好景象。
10. 出师一表：指三国时期诸葛亮所作《出师表》。

咏煤炭

[明] 于谦

凿开混沌(hùn dùn)[1]得乌金[2]，藏蓄(xù)阳和[3]意最深[4]。
爝(jué)火[5]燃回春浩浩[6]，洪炉[7]照破夜沉沉[8]。
鼎彝(dǐng yí)[9]元[10]赖生成力[11]，铁石[12]犹[13]存死后心[14]。
但[15]愿[16]苍生[17]俱[18]饱暖，不辞辛苦出山林。

【注释】

1. 混沌：古代传说中天地开辟前元气未分、模糊一团的状态。这里指大地。

2. 乌金：指煤炭。

3. 阳和：原指和暖的阳光，此指煤炭的热力。

4. 意最深：为拟人手法，此处形容有无穷的热量。

5. 爝火：小火把。

6. 春浩浩：形容春光浩荡，一片温暖。这里是说煤炭燃烧送来温暖，仿佛春阳回归，普照大地。浩浩，本义是形容水势大，这里引申为广大。

7. 洪炉：大火炉。

8. 夜沉沉：形容黑夜昏暗。

9. 鼎彝：原是古代饮食器具的名称，后来专指帝王宗庙的祭器。此指人类生活。鼎，古代的食具。彝，古代盛酒器。

10. 元：同“原”，本来。

11. 生成力：指煤炭燃烧生成的力量。

12. 铁石：古人以为铁石蕴藏在地下可以变成煤炭。

13. 犹：还。

14. 死后心：指铁石被地气消融后又变成煤炭。

15. 但：只。

16. 愿：希望。

17. 苍生：百姓。

18. 俱：都。

就义诗

[明]杨继盛

浩气[1]还[2]太虚[3]，丹心[4]照千古。

生平[5]未报国，留作忠魂补[6]。

【注释】

1. 浩气：正气。
2. 还：回归。
3. 太虚：宇宙。
4. 丹心：红心，忠诚的心。
5. 生平：一辈子，一生。
6. 补：弥补。

赴戍(shù)[1]登程[2]口占[3]示家人（节选）

[清]林则徐

力微任重久神疲，再竭(jié)衰(shuāi)庸(yōng)[4]定不支[5]。

苟利国家生死以[6]，岂因祸福避趋(qū)之[7]。

【注释】

1. 赴戍：道光二十二年（1842），林则徐由西安启程赴戍所伊犁。
2. 登程：出发。
3. 口占：不起草稿，随口吟成诗篇。
4. 衰庸：指衰老的身体和平庸之才，这里是自谦之辞。
5. 不支：不能支撑。
6. 苟利国家生死以：郑国大夫子产改革军赋，受到时人的诽谤，子产曰："苟利社稷，死生以之。"本句表达了为了国家利益甘愿献出个人一切的精神。苟，如果。生死以，将生死置之度外。以，付与。
7. 岂因祸福避趋之：怎能见祸就躲、见福便迎呢！

二、朗朗上口

在了解诗歌背景的基础上，借助标记符号朗诵诗文。参照相应的朗诵录音，不断提升自己的诵读水平。初期可以跟随录音诵读。

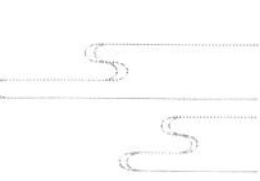

病起书怀

【作者生平】

陆游（1125—1210），南宋诗人。字务观，号放翁，越州山阴（今浙江绍兴）人。生于北宋灭亡之际，幼年随父避金军南逃，历尽艰辛。29岁参加锁厅试为第一，次年参加礼部试又列于秦桧、孙秦埙之前，触怒秦桧，被黜落。孝宗时，赐进士出身，曾任镇江、隆兴通判。乾道六年（1170）入蜀，任夔州通判。八年，入四川宣抚使王炎幕府，投身军旅生活。陆游向王炎陈进取之策，提出一些经略中原、积粟练兵的战略。但腐败的宋廷只求苟安，无意进取，致使陆游等爱国志士壮志难酬。后官至宝谟阁待制。晚年退居家乡，但收复中原的信念始终不渝。诗歌多抒发政治抱负，反映人民疾苦，批判当时统治集团的屈辱投降，风格雄浑豪放，表现出渴望恢复国家统一的强烈爱国热情。诗与尤袤、杨万里、范成大齐名，称“中兴四大家”。有《剑南诗稿》《渭南文集》等。

【写作背景】

《病起书怀》作于宋孝宗淳熙三年（1176）四月，陆游时年五十二岁，被免官后病了二十多天，移居成都城西南的浣花村。病愈之后仍为国担忧，为了表现要效法诸葛亮北伐统一中国的决心，挑灯夜读《出师表》，挥毫泼墨，写下此诗。全诗贯穿了诗人忧国忧民的爱国情怀。“位卑未敢忘忧国”一句传诵于世，是诗人内心的真实写照，也道出了历代爱国志士的心声。

【朗读指导】

诗句	朗读指导
病骨｜支离｜纱帽宽，	平调。忧郁，无奈。“纱帽宽”一语双关，既言病后瘦弱，故感帽沿宽松，也暗指遭贬谪。
孤臣｜万里｜客江干。	平调。沉重。表达空怀报国之志，却只能病居江边，无力回天的忧郁与痛苦。
位卑｜未敢｜忘｜忧国，	升调。略激昂。表达强烈的爱国热忱。
事定｜犹须｜待｜阖棺。	降调。语气坚定。
天地神灵｜扶｜庙社，	平调。表达期望。
京华父老｜望｜和銮。	降调。表达强烈的期望。
出师一表｜通｜今古，	升调。赞叹，胸怀激荡。
夜半｜挑灯｜更｜细看。	降调。表达壮志难酬，沉郁。

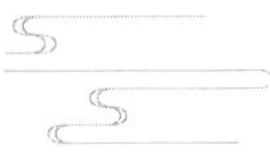

咏煤炭

【作者生平】

于谦（1398—1457），明代大臣、军事家。字廷益，浙江钱塘（今杭州）人。永乐十九年（1421）进士。宣德初授御史，宣德三年（1428）巡按江西。宣德五年，又以兵部右侍郎巡抚山西、河南。曾严惩贪污，平反冤狱，赈济灾荒，深得民心。正统十四年（1449），瓦剌太师也先率军大举南下，明英宗在王振挟持下亲征，在土木堡（今河北怀来东南）大败被俘，京师震动。于谦力斥南迁之议，主张坚守北京，被任命为兵部尚书。九月，拥立景帝，调集重兵，在北京城外击退瓦剌军。次年和议成，英宗被释还。他献安边三策，改革军制，首创团营建制，选拔精兵，分营集中团操，军势日盛。景泰八年（1457）英宗复辟，于谦遭石亨等诬陷以谋逆罪被杀。籍没时家无余资。成化初追复原官，万历间谥忠肃。有《于忠肃集》。

【写作背景】

此诗是托物言志之作，借煤炭的燃烧来表达自己忧国忧民的思想和甘愿为国为民出力献身的高风亮节。首二句写煤炭所蕴藏的能量，亦指人的才智；中四句写煤炭对人类的贡献，亦即作者立身处世的宗旨；末二句写煤炭的志向，亦即作者的抱负。本诗运用比兴手法，明写煤炭，实喻自己。以煤炭自拟，在古诗词中并不多见，令人耳目一新。

【朗读指导】

诗句	朗读指导
凿开｜混沌｜得乌金， 藏蓄｜阳和｜意最深。	平调。点出所咏之物，表达喜爱之情。
爝火｜燃回｜春浩浩，	升调。语势上扬，表达对煤炭给人带来温暖的赞美之情。
洪炉｜照破｜夜沉沉。	降调。语气加强，强调煤炭给人带来光明。
鼎彝｜元赖｜生成力，	平调。表达关于生命价值以及为国效力的志向。
铁石｜犹存｜死后心。	平调。表达为国为民竭尽心力，甘于牺牲的忠诚之心。
但愿｜苍生｜俱饱暖，	升调。情绪高昂。表达对国家民众的一片大爱之心。
不辞｜辛苦｜出山林。	降调。凝重有力。表达为国为民的坚定。

就义诗

【作者生平】

杨继盛（1516—1555），明代著名谏臣。保定容城（今属河北）人，字仲芳，号椒山。嘉靖二十六年（1547）进士。任兵部员外郎。坚决主张抗击北方鞑靼的入侵，反对妥协误国。因上疏朝廷，弹劾大将军仇鸾误国，贬狄道典史。后鞑靼入侵，仇鸾勾结鞑靼的事情败露，杨再被起用，任兵部武选司员外郎。又劾严嵩“五奸十大罪”，下狱三年，受尽酷刑，最终被害。有《杨忠愍集》。

【写作背景】

嘉靖三十一年（1552），杨继盛冒死上疏弹劾严嵩“五奸十大罪”，指严嵩为“天下之第一大贼”。严嵩罗织罪名，诬陷杨继盛，致其下狱。嘉靖三十四年，严嵩把他的名字偷偷添加在死刑犯名单的末尾，将他杀害。这首诗是杨继盛临刑前所作，原本无题。诗集中体现了他从容赴刑一生无愧的坦荡胸怀和至死报国的耿耿忠心，激昂慷慨，正气凛然，感人至深。杨继盛舍生取义的高尚精神和气节，感动了京城百姓。在押解他去会审的途中，观者盈道，人们为之叹息流泪。杨继盛就义后，天下百姓纷纷传诵他的事迹。

【朗读指导】

浩气丨还丨太虚， 丹心丨照丨千古。	平调。虽死犹存，语气强烈、坚定，表达不怕牺牲、坚持正义之心。
生平丨未丨报国，	升调。声音偏高，语势上扬。感慨壮志未酬身先死的万分遗憾。
留作丨忠魂丨补。	降调。语气壮中含悲。表达精忠报国、至死不渝的决心。

赴戍登程口占示家人

【作者生平】

林则徐（1785—1850），清末政治家。字元抚，福建侯官人。嘉庆九年（1804）中举，十六年（1811）中进士，选庶吉士。曾与龚自珍、魏源、黄爵滋等人提倡经世之学。道光十八年（1838）在湖广总督任内，严厉禁烟，成效卓著。12 月受命为钦差大臣，前往广东查禁鸦片。次年 3 月抵广州，与两广总督邓廷桢协力查办，严令英、美烟贩缴出鸦片 237 万多斤，在虎门海滩当众销毁；并积极筹备海防，屡次打退英军挑衅。1840 年 1 月任两广总督。6 月鸦片战争爆发后，严密设防，使英军在粤无法得逞。林则徐是抵抗西方侵略的爱国政治家。史学界称之为近代中国“开眼看世界的第一人”。

【写作背景】

1840 年鸦片战争爆发，英国用兵舰大炮轰开了古老中国的大门，清朝道光皇帝被迫签订不平等条约，并将坚决禁烟、抗击英军的林则徐贬戍新疆伊犁。道光二十二年（1842）八月，林则徐自西安启程赴伊犁，临行前作此诗留别家人。

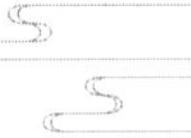

【朗读指导】

诗句	朗读指导
力微｜任重｜久神疲，	平调。声音偏低，语速偏慢。发自肺腑地劝说抚慰家人，说明自己身体衰老、精力不济。
再竭｜衰庸｜定不支。	降调。语气加重。表达愤懑不平，排解了家人的忧思，也有正话反说之意。
苟利｜国家｜生死以，	升调。语势上扬，语速加快，大胆纵情。表达对国家不顾生死的忠诚。
岂因｜祸福｜避趋之。	降调。语气强烈坚定。表达自己的刚正不阿。

三、款款临风

请完成以下字帖描红。

病起书怀

［宋］陆游

病骨支离纱帽宽，

孤臣万里客江干。

位卑未敢忘忧国，

事定犹须待阖棺。

天地神灵扶庙社，

京华父老望和銮。

出师一表通今古，

夜半挑灯更细看。

咏煤炭

［明］于谦

凿开混沌得乌金，
藏蓄阳和意最深。
爝火燃回春浩浩，
洪炉照破夜沉沉。
鼎彝元赖生成力，
铁石犹存死后心。
但愿苍生俱饱暖，
不辞辛苦出山林。

就义诗

［明］杨继盛

浩气还太虚，丹心照千古。
生平未报国，留作忠魂补。

赴戍登程口占示家人（节选）

［清］林则徐

力微任重久神疲，

再竭衰庸定不支。

苟利国家生死以，

岂因祸福避趋之。

四、娓娓道来

（一）教材“博观约取”里介绍了西汉张骞出使西域的大致事迹。其实，张骞两次西域之行以及随军出征，其中曲折、艰险，其后对国家和民族的千秋贡献，都不是短短几百字所能描述的。请查阅资料，总结并整理张骞具体事迹，按时间顺序填入下表（此表可自行扩展）。

时间	地点或行程	事迹概述

续表

时间	地点或行程	事迹概述

（二）中国古代，像张骞这样具有深厚家国情怀，为国家和民族做出贡献的英雄多如繁星，教材里就提到了屈原、班超、范仲淹等人。请你从中选取一位，按上述方式总结他的事迹（表格自行制作），并给同学们讲述其中的故事。

（三）2002 年冬至 2003 年夏严重急性呼吸综合征（SARS）肆虐全球，在面对这场突如其来的关系着人类共同命运的殊死斗争中，广州医科大学附属第一医院国家呼吸系统疾病临床医学研究中心主任钟南山以其战士般的勇敢无畏、学者的铮铮风骨和悬壶济世的仁心仁术，挺身而出，冒死犯险，力挽狂澜，做出了杰出的贡献，赢得了世人的敬重。2020 年初，新型冠状病毒肺炎疫情拉响警报，他又毅然逆行出征，为疫情防控阻击战取得重大战略成果起到了重要作用。请按上述方式总结钟南山的事迹（表格自行制作），并给同学们讲述他的故事。

提示：上述三题，总结整理事迹时，注意尽量寻找权威材料，以多篇材料能相互印证为佳。

五、跃跃欲试

（一）实践目标

家国情怀是一个人对家庭、社会以及国家的认同与热爱，它使人们自觉承担起相应的使命和责任。家国情怀贯穿中华民族文明进程的历史与现实，是中华民族独特的道德追求和文化素养。通过寻找身边那些为国家和民族利益做出杰出贡献的名人，厚植家国情怀，学技自强，勇担时代重任。

（二）实践过程

1. 了解广东省有哪些为国家和民族利益做出杰出贡献的爱国志士，了解他们的人生轨迹。

2. 实地走访名人故居、名胜古迹、纪念馆、博物馆，收集他们的故事，感受他们对家国的一片赤子之心。

3. 整理编辑相关资料，做成 ××（地名）爱国志士小档案。

4. 收集相关照片、录像制作小视频，以青年的视角和叙事方式讲述爱国志士的家国情怀故事，制作爱国志士启示录。

5. 班级分享实践成果，也可以分小组上传视频网站，以点赞或收藏量做排行。

6. 可以自由组成不超 5 人的小组共同完成，也可 1 人独立完成。

（三）实践成果

1. 编辑爱国志士档案卡。
2. 制作爱国志士家国情怀启示录视频。
3. 为举办爱国志士诗文朗诵会草拟活动方案。
4. 制作爱国志士家国情怀手抄报。

第四课　善始善终

一、声声入耳

扫二维码听朗诵录音；结合注释，参考教材译文，体会诗文中蕴含的思想感情。

老子·第六十四章（节选）

民之从事[1]，常于几[2]成而败之。慎终如始[3]，则无败事。是以[4]圣人欲不欲[5]，不贵[6]难得之货[7]；学不学[8]，复[9]众人之所过。以辅[10]万物之自然[11]而不敢为。

【注释】

1. 从事：行事。
2. 几：将近。
3. 慎终如始：在结束时就像开始时一样慎重。慎，慎重，谨慎。
4. 是以：以是，因此。
5. 欲不欲：追求他人所不追求的东西。欲，想要，追求。
6. 贵：崇尚，重视，以……为宝贵。
7. 难得之货：指珠玉宝器等不容易得到的珍贵之物。货，财物，金钱、珠玉、布帛等的总称。
8. 学不学：学习他人所不学习的。
9. 复：补救，挽救。
10. 辅：辅助，协助。
11. 自然：自由发展，不经人力干预。

论语·子罕（节选）

子[1]曰：“譬(pì)如[2]为山[3]，未成一篑(kuì)[4]，止，吾止也；譬如平地，虽覆(fù)[5]一篑，进，吾往[6]也。”

【注释】

1. 子：孔子。

2. 譬如：比如。譬，比喻，比如。

3. 为山：造山，堆土成山。

4. 未成一篑：差一筐土没有完成。这是古时常用的比喻，用以说明持之以恒的努力才是成功的决定条件。篑，盛土的竹筐。

5. 覆：倒，倒出。

6. 往：前进。

礼记·中庸（节选）

子曰：“……君子遵[1]道[2]而行[3]，半途而废，吾弗(fú)[4]能已[5]矣。”

【注释】

1. 遵：依从，按照。

2. 道：方法，这里指中庸之道。

3. 行：做，办，从事。

4. 弗：不。

5. 已：停止。

二、朗朗上口

在了解诗歌背景的基础上，借助标记符号朗诵诗文。参照相应的朗诵录音，不断提升自己的诵读水平。初期可以跟随录音诵读。

老子·第六十四章（节选）

【作者生平】

略。

【写作背景】

在本课所节选的部分中，老子认为，做事要持之以恒，尤其是在事情快要成功之时，要更加谨慎，不能懈怠。如果缺乏韧性，不能保持初始时的热情，定当失败无疑。“于几成而败之”“慎终如始”至今仍然具有极其重要的警策作用。最后，老子总结了圣人处事原则，强调按照自然规律办事的重要。“于几成而败之”“慎终如始”，都是在强调“初始状态”的重要，而“初始状态”正是老子一再申说的自由状态、自然状态和原始状态。“欲不

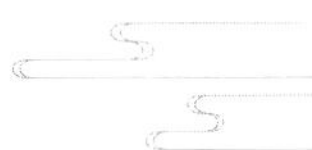

欲”“学不学”“复众人之所过”实质上就是辅佐自然，即遵循万物的自然本性，而不加人为的干预。这反映了老子自然无为的思想。这正是今天我们处事中需要学习的。

【朗读指导】

民之｜从事，常于几成｜而败之。慎终｜如始，则无败事。	平调，读出惋惜之情。强调要善始善终。
是以｜圣人｜欲不欲，不贵｜难得之货；学不学，复众人之所过。	读出气势，兼顾抑扬顿挫。强调圣人所学的是清静无为、虚无自然的不学之学。
以辅｜万物之自然｜而不敢为。	平调，语气坚定。强调不敢有丝毫的故意造作和任性妄为。

论语·子罕（节选）

【作者生平】

孔子（前551—前479），春秋末期思想家、政治家、教育家，儒家的创始者。名丘，字仲尼，鲁国陬邑（今山东曲阜东南）人。先世是宋国贵族。三岁丧父，家道中落，及长，做过“委吏”（司会计）和“乘田”（管畜牧）等事。因“少好礼”，自幼受传统礼制的熏陶，青年时便以广博的礼乐知识闻名于鲁，从事儒者之业，以替富贵者办理丧祭赞礼为生。中年时，创办私学并从事政治活动。年五十，由鲁国中都宰升任司寇，摄行相职，不久即弃官离鲁，率弟子周游宋、卫、陈、蔡、齐、楚等国，广泛宣传自己的思想学说，但终不见用。六十八岁时返鲁，致力教育事业，整理《诗》《书》等古代典籍，删修《春秋》。孔子的思想学说主要汇集在《论语》中。

【写作背景】

《论语》是儒家经典，是孔子弟子及其再传弟子关于孔子言行的记录。今本《论语》共20篇，内容涉及孔子谈话、答弟子问及弟子间的讨论，为研究孔子思想的主要资料。《论语·子罕》篇共包括31章，涉及孔子的道德教育思想、孔子弟子对其师的议论，还记述了孔子的某些活动。此节选语录，以比喻说理，告诉人们坚持到底就是胜利。人在奋斗的过程中，由于条件有限，必然困难重重，也会存在种种干扰。这些困难、干扰就像一座座山，横亘在我们前进的道路上。成功者在身处逆境的时候，不是被困难吓倒，选择退却，而是迎难而上，以顽强的毅力，泰然接受挫折的洗礼，再攀登成功的顶峰。

【朗读指导】

子曰：“譬如为山，未成一篑，止，吾止也；譬如平地，虽覆一篑，进，吾往也。”	平调，语气平缓。注意领会“贵在坚持”的道理。

礼记·中庸（节选）

【作者生平】

子思（前483—前402），战国初儒家学者。姓孔，名伋，字子思，孔鲤之子，孔子之孙。鲁国陬邑（今山东曲阜）人。相传曾受业于曾子。《中庸》大部分为子思所著。子思十分强调儒家的道德观念“诚”。他认为“诚者，物之终始。不诚无物”（《中庸》）。“中庸”是其学说的核心。孟子曾受业于他的门人，将其学说加以发挥，形成了思孟学派。《汉书·艺文志》著录《子思》二十三篇，已佚。现存《礼记》中的《中庸》《表记》《坊记》等，相传是他的著作。

【写作背景】

《中庸》本为《礼记》中的一篇，相传为子思及其门人所著。“中庸”属于中国古代哲学的范畴。中，有中正、中和、不偏不倚等意；庸，有平常、常道等意。“中庸”一词最先由孔子提出：“中庸之为德也，其至矣乎！”中庸的基本原则是“允执其中”，要求把握适当的限度，以保持事物的平衡、使人的言行合于既定的道德标准。子思及其门人认为，人们在践行道德之时，往往智者贤者“过之”，愚者“不及”，致使正道不行，主张用中庸纠正极端倾向，以维护正道。到了宋代，理学家们强调“中庸”，把“允执其中”视为“道统”的核心。南宋的朱熹将《中庸》从《礼记》中抽出，与《大学》《论语》《孟子》合为“四书”，对后世产生了巨大影响。

【朗读指导】

子曰：“……君子｜遵道｜而行，半途｜而废，吾｜弗能｜已矣。”	语调整体平缓，“吾弗能已矣”用升调，读出坚定的语气，表达出作者的强烈愿望。

三、款款临风

请完成以下字帖描红。

老子·第六十四章（节选）

民之从事，常于几成而败之。慎终如始，则无败事。是以圣人欲不欲，不贵难得之货；学不学，复

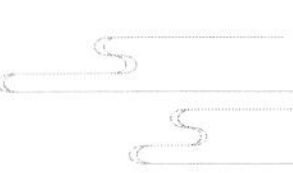

众人之所过。以辅万物之自然而不敢为。

论语·子罕（节选）

子曰："譬如为山，未成一篑，止，吾止也；譬如平地，虽覆一篑，进，吾往也。"

礼记·中庸（节选）

子曰："……君子遵道而行，半途而废，吾弗能已矣。"

四、娓娓道来

（一）教材"博观约取"里介绍了我国明代夏原吉治水的故事。明永乐元年，浙西突发大水，明成祖命夏原吉前往治理。夏原吉身穿布衣，徒步往返，日夜谋划，带领十几万人最终疏通了河道。工程竣工后回京，当皇帝让他休息几个月时，他说水虽然已由故道入海，但支流还没有全部疏通，应尽快完成。正月十二，他就再次赶往浙西。经过艰苦努力，最终完成了全部工程。教材选取的故事说明了夏原吉做事善始善终的态度，只是夏原吉生平的一个片段。请同学们查阅资料，总结并整理夏原吉的事迹，以时间为线索，制作表格，全面了解夏原吉的贡献和经历。

时间	经历和贡献

续表

时间	经历和贡献

（二）由古至今，出现了非常多像夏原吉一样的善始善终者，如教材中提到的撰写《茶经》的陆羽、编撰《资治通鉴》的司马光就是其中的优秀代表。请你从中选取一位，按上述方式总结他的事迹（表格自行制作），并给同学们讲述其中的故事。

（三）1985 年 11 月 20 日，全国亿万观众一起收看了一场中央电视台现场直播的围棋对局——第一届中日围棋擂台赛聂卫平对藤泽秀行的对局。当宣布聂卫平获胜的那一刻，举国欢庆，大江南北，长城内外，到处是放鞭炮的声音，许多人甚至激动地流下了眼泪。聂卫平成为那个时代中国的"英雄人物"。当时的中国掀起了学围棋的热潮，并一直延续到今天。但很少有人知道，在很长一段时间里，聂卫平的人生目标是"战胜"自己的弟弟。小时候，弟弟的围棋水平总是压过聂卫平一头，使他难求一胜。但是他没有灰心，而是迎难而上，发奋图强。正是他的这种善始善终的态度，才使他取得了辉煌的成就。请你整理出聂卫平的突出事迹，并给同学们讲述他的故事。

五、跃跃欲试

（一）实践目标

虽然我们在做事时能够拥有一个好的开头是非常重要的一件事，但同时我们也要明白，拥有好的开端不过只是事情成功的一半。任何事的成功不仅需要我们做到"善始"，更需要我们坚持到"善终"，唯有不断努力，坚持奋斗到最后，才有可能为自己的努力赢得一个完美的结局。

（二）实践过程

1. 观看中央电视台《65 年！一家三代守护"麻风村"　恪守诺言　善始善终》纪录片。收集广东省有关善始善终人物的相关照片、故事，做成手抄报。

2. 实地走访名人故居、名胜古迹、纪念馆、博物馆，收集他们的故事，感受他们善始善终的精神。

3. 整理编辑相关资料，做成 ××（人名）档案卡，详细写出其善始善终的事迹。

4. 收集相关照片、录像制作小视频，以青年的视角和叙事方式讲述善始善终的故事，

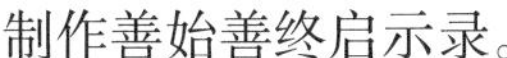

制作善始善终启示录。

5. 班级分享实践成果，也可以分小组上传视频网站，以点赞或收藏量做排行。

6. 可以自由组成不超 5 人的小组共同完成，也可 1 人独立完成。

（三）实践成果

1. 每人写一篇纪录片的观后感。

2. 小组完成手抄报一份。

3. 为举办广东善始善终名人故事会草拟活动方案。

4. 编辑善始善终人士档案卡。

哲人之思

第一课　仁者爱人

一、声声入耳

扫二维码，看注释，听朗诵录音。参考教材译文，体会诗文中蕴含的思想感情。

孟子·离娄下（节选）

孟子曰：“君子所以异于人者，以其存心[1]也。君子以仁存心，以礼存心。仁者爱人，有礼者敬人。爱人者人恒爱之，敬人者人恒敬之。有人于此，其待我以横(hèng)逆[2]，则君子必自反[3]也：‘我必不仁也，必无礼也，此物[4]奚宜[5]至哉？’其自反而仁矣，自反而有礼矣，其横逆由[6]是也，君子必自反也：‘我必不忠。’自反而忠矣，其横逆由是也，君子曰：‘此亦妄人[7]也已矣。如此则与禽兽奚择[8]哉？于禽兽又何难[9]焉？’是故，君子有终身之忧，无一朝之患也。”

【注释】

1. 存心：指仁爱、礼义存于心。
2. 横逆：蛮横，不讲理。
3. 自反：自我反省。
4. 此物：指上文所说的“横逆”的态度。
5. 奚宜：怎么会。
6. 由：同“犹”。
7. 妄人：无知妄为之人。
8. 择：区别，不同。
9. 何难：有什么可计较、责难的。难，计较，责难。

孟子·梁惠王上（节选）

孟子对曰：“地方百里[1]而可以王[2]。王如施仁政于民，省[3]刑罚，薄[4]税敛[5]，深耕易耨(nòu)[6]，壮者以暇（xiá）日修[7]其孝悌忠信，入[8]以事其父兄，出[9]以事其长上，可使制[10]梃（tǐng）[11]以挞（tà）[12]秦楚之坚甲利兵矣。彼夺其民时[13]，使不得耕耨以养其父母，父母冻饿，兄弟妻子离散。彼[14]陷溺[15]其民，王往而征之，夫谁与王敌？故曰：‘仁者无敌。’王请勿疑！”

【注释】

1. 地方百里：意为“方圆百里的土地”，即纵横各一百里的小国。方，方圆，周围。
2. 王：称王，统治天下。
3. 省：减免。
4. 薄：减轻。
5. 税敛：赋税。
6. 易耨：及时除草。易，疾速。
7. 修：研究，学习。
8. 入：在家。
9. 出：在外。
10. 制：同“掣”，拽，拉，拿起来。
11. 梃：木棒。
12. 挞：用棍棒或鞭子打人。这里指讨伐。
13. 民时：农时。
14. 彼：他们（秦国、楚国的统治者）。
15. 陷溺：使人处于水深火热中，陷害人。

二、朗朗上口

在了解古文背景的基础上，借助标记符号朗诵诗文。参照相应的朗诵录音，不断提升自己的诵读水平。初期可以跟随录音诵读。

孟子·离娄下（节选）

【作者生平】

孟子（约前372—前289）。战国中期思想家、政治家、教育家。名轲，字子舆，邹（今山东邹城东南）人。儒家的主要代表之一。幼年丧父，家庭困顿，受业于子思的门人。学成之后，收徒讲学，游说诸侯，历游齐、宋、滕、魏等国，一度任齐宣王客卿。孟子把孔子“仁”的观念发展为“仁政”学说，主张以德服人的“王道”，反对以力服人的“霸道”。孟子提出民贵君轻说，对后世儒学产生重大影响，被尊为“亚圣”。

【写作背景】

《孟子》是孟子与其弟子万章、公孙丑等共同编纂而成，主要记录孟子的言行和政治学说，约成书于战国中期。《孟子》全书现存7篇，体裁与《论语》大致相似。每篇分上下，以开头文字作篇名。《孟子》一书作为孟子主要言行的汇编，集中反映了他作为先秦儒家主要代表的基本思想，是中国思想史和儒学史上重要的典籍，在历史上有极大的影响。《孟子·离娄下》内容涉及政治、历史、教育和个人立身处世等诸多方面，全篇共33章。本课节选的片段，内容主要是论述君子的修养。在孟子看来，君子为人处世离不开仁和礼。仁是对人内在道德修养的要求，礼是对人外在行为规范的要求，仁和礼共同构成了儒家伦理道德的核心。因此，在人际交往中要宽容他人，多反思自己。

【朗读指导】

孟子 | 曰："君子 | 所以 | 异于人者，以其 | 存心也。君子 | 以仁存心，以礼 | 存心。仁者 | 爱人，有礼者 | 敬人。爱人者，| 人恒 | 爱之；敬人者，| 人恒 | 敬之。有人于此，其待我 | 以横逆，则君子 | 必自反也：'我 | 必不仁也，必 | 无礼也，此物 | 奚宜至哉？'其自反而 | 仁矣，自反而 | 有礼矣，其横逆 | 由是也，君子 | 必自反也：'我必 | 不忠。'自反而 | 忠矣，其横逆 | 由是也，君子曰：'此亦 | 妄人 | 也已矣。如此 | 则与禽兽 | 奚择哉？于禽兽 | 又何难焉？'是故，君子 | 有终身之忧，无 | 一朝之患也。"

细细品读儒家学说的核心内容"仁"，"仁"的中心意义是"爱人"，强调"仁者爱人"，是处理人与人、人与社会关系的最高标准。

质问人和禽兽的区别，领会为人处世要尊重他人，平等待人，要与他人共享利益。

孟子·梁惠王上（节选）

【作者生平】

略。

【写作背景】

《孟子·梁惠王上》共7章，除第六章与梁襄王、第七章与齐宣王外，其他各章都是孟子与梁惠王的对话。各章所记对话，大抵不离"仁政"的话题。战国时期社会发生大的变革，在列国纷争和人民斗争不断的形势下，孟子看到了人民力量的巨大，提出"民为贵，社稷次之，君为轻"的看法，强调统治者应重视人民的作用，君主应以爱护人民为先，为政者要施行"仁政"，保障人民权利。本课节选的片段点明了孟子"仁政"的主要内容，它包括反对攻伐，发展生产，减轻刑罚税敛，使老百姓过上丰衣足食的生活，在此基础上以孝悌之义教导百姓。如此便可以抵御外侮，并使天下归服。

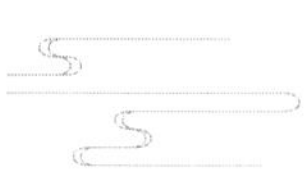

【朗读指导】

孟子 | 对曰：“地方百里而 | 可以 | 王。王 | 如施仁政 | 于民，省 | 刑罚，薄 | 税敛，深耕 | 易耨；壮者 | 以暇日 | 修其孝悌忠信，入以 | 事其父兄，出以 | 事其长上，可使 | 制梃 | 以达秦楚 | 之坚甲利兵矣。彼 | 夺其民时，使不得 | 耕耨 | 以养其父母，父母 | 冻饿，兄弟 | 妻子离散，彼 | 陷溺其民，王 | 往而 | 征之，夫 | 谁与王敌？故曰：‘仁者 | 无敌。’王 | 请勿疑！”

细述孟子以民为本的仁政思想。孟子认为，统治者施仁政，首先要得民心，得民心者得天下，以民为本是仁政的精髓。

三、款款临风

请完成以下字帖描红。

孟子 · 离娄下（节选）

孟子曰：“君子所以异于人者，以其存心也。君子以仁存心，以礼存心。仁者爱人，有礼者敬人。爱人者人恒爱之；敬人者人恒敬之。有人于此，其待我以横逆，则君子必自反也：‘我必不仁也，必无礼也，此物奚宜至哉？’其自反而仁矣，自反而有礼矣，其横逆由是也，君子必自反也：‘我必不忠。’自反而忠矣，其横逆由是也，君子曰：‘此亦妄人也已矣。如此则与禽兽奚择哉？于禽兽又何难焉？’是故，

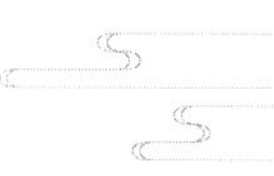

君子有终身之忧，无一朝之患也。”

孟子·梁惠王上（节选）

孟子对曰：“地方百里而可以王。王如施仁政于民，省刑罚，薄税敛，深耕易耨，壮者以暇日修其孝悌忠信，入以事其父兄，出以事其长上，可使制梃以挞秦楚之坚甲利兵矣。彼夺其民时，使不得耕耨以养其父母，父母冻饿，兄弟妻子离散。彼陷溺其民，王往而征之，夫谁与王敌？故曰：‘仁者无敌。’王请勿疑！”

四、娓娓道来

（一）教材“博观约取”介绍了汉代医学家董奉隐居庐山为人治病，不收报酬，只要求被治愈的人在他的房屋旁栽种杏树的故事。自古以来，像董奉这样拥有精湛医术，又有高尚医德的中外名医很多，请查阅资料，总结并整理中外名医的故事，按要求填入下表（此表可自行扩展）。

时间	人物	故事概述

续表

时间	人物	故事概述

（二）教材“博观约取”介绍了宋仁宗为君勤俭律己、宽容仁厚、广纳善言、勤政爱民的故事。像宋仁宗这样的仁圣之君历史上也有不少，如汉文帝、汉景帝、唐太宗等君王。请你从中选取一位，按上述方式总结他的事迹（表格自行制作），并给同学们讲述其中的故事。

（三）我国扶贫开发始于20世纪80年代中期，通过30多年的不懈努力，虽取得了举世公认的辉煌成就，但是，长期以来贫困居民底数不清、情况不明、针对性不强、扶贫资金和项目指向不准的问题较为突出。2013年11月，习近平总书记到湖南湘西考察时首次作出了“实事求是、因地制宜、分类指导、精准扶贫”的重要指示。2015年6月18日，习近平总书记在贵州召开部分省区市党委主要负责同志座谈会上，强调要科学谋划好“十三五”时期扶贫开发工作，确保贫困人口到2020年如期脱贫，并提出扶贫开发“贵在精准，重在精准，成败之举在于精准”，“精准扶贫”成为各界热议的关键词。

2021年2月25日，习近平总书记在全国脱贫攻坚总结表彰大会上发表重要讲话，庄严宣告，我国脱贫攻坚战取得了全面胜利，创造了又一个彪炳史册的人间奇迹！

请按上述方式总结全国脱贫攻坚的故事（表格自行制作），并和同学们分享在脱贫攻坚过程中出现的金句。

提示：上述三题，总结整理事迹时，注意尽量寻找权威材料，以多篇材料能相互印证为佳。

五、跃跃欲试

（一）实践目标

消除贫困、改善民生、逐步实现共同富裕，是我国社会主义的本质要求，是中国共产党的重要使命。在波澜壮阔的脱贫攻坚伟大实践中，涌现出一大批政治坚定、贡献重大、

精神感人的杰出典型。他们的事迹，充分反映了共产党人不忘初心的使命担当和全心全意为人民谋幸福的深厚情怀。通过寻找身边那些脱贫攻坚楷模，坚定新时代下爱国爱党的精神信念，强技强志，始终把人民对美好生活的向往作为青年的奋斗目标。

（二）实践过程

1. 了解广东省为“精准扶贫”做出杰出贡献的扶贫干部，了解他们的扶贫故事。

2. 实地走访扶贫村、扶贫户，收集脱贫致富的故事。

3. 整理编辑相关资料，做成 ××（地名）脱贫攻坚小档案。

4. 收集相关照片、录像制作小视频，以青年的视角和叙事方式讲述扶贫干部的扶贫故事，制作脱贫攻坚楷模启示录。

5. 班级分享实践成果，也可以分小组上传视频网站，以点赞或收藏量做排行。

6. 可以自由组成不超 5 人的小组共同完成，也可 1 人独立完成。

（三）实践成果

1. 编辑扶贫干部档案卡。

2. 制作脱贫攻坚楷模启示录视频。

3. 为举办脱贫攻坚主题征文比赛，草拟通知。

4. 制作脱贫攻坚剪贴报。

第二课　义利之辩

一、声声入耳

扫二维码听朗诵录音；结合注释，参考教材译文，体会古文中蕴含的思想感情。

孟子·梁惠王上（节选）

孟子见梁惠王[1]。王曰："叟[2]，不远千里而来，亦[3]将有以利吾国乎？"孟子对曰："王何必曰利？亦[4]有仁义而已矣。王曰：'何以利吾国？'大夫[5]曰：'何以利吾家？'士庶人[6]曰：'何以利吾身？'上下交征利[7]，而国危矣。万乘之国，弑(shì)其君者，必千乘之家[8]；千乘之国，弑其君者，必百乘之家。万取千焉，千取百焉，不为不多矣。苟[9]为后义[10]而先利，不夺不餍(yàn)[11]。未有仁而遗其亲者也，未有义而后其君者也。王亦曰仁义而已矣，何必曰利？"

【注释】

1. 梁惠王：亦称"魏惠王"，惠是谥号。他为避秦兵威胁，把都城迁到大梁（今河南开封），所以魏国又称梁国。

2. 叟：对老人的尊称。

3. 亦：句首助词，无义。

4. 亦：但，只。

5. 大夫：官名。夏商周三代，官职分卿、大夫、士三级，大夫又分上中下三等。

6. 庶人：古代称小官吏为庶人，也称老百姓为庶人，这里指前者。

7. 交征利：互相求取利益。交，互相。征，求取，追逐。

8. 家：古代大夫的家族。

9. 苟：如果，假如。

10. 后义：以义为后，即轻视义。下文的"先利"，意思是重视利益。

11. 不夺不餍：不夺取全部就不满足。餍，满足。

荀子·大略（节选）

义与利者，人之所两有[1]也。虽尧舜[2]不能去民之欲利[3]，然而能使其欲利不克[4]其好义[5]也。虽桀纣[6]不能去民之好义，然而能使其好义不胜其欲利也。故义胜利者为治世，利克义者为乱世。

【注释】

1. 两有：两项诉求都具有。
2. 尧舜：古史传说中的两位圣明君主，远古部落联盟的首领。
3. 欲利：对私利的追求欲。
4. 克：战胜，超过。
5. 好义：对道义的爱好。
6. 桀纣：桀和纣，相传都是暴君，桀纣后泛指暴君。

二、朗朗上口

在了解古文背景的基础上，借助标记符号朗诵诗文。参照相应的朗诵录音，不断提升自己的诵读水平。初期可以跟随录音诵读。

孟子·梁惠王上（节选）

【作者生平】

略。

【写作背景】

本段为《孟子》首篇首章，其核心为“仁义”。孟子生活在争夺、兼并不止的战国时代，无论君王还是百姓，人们的社会活动都落脚在现实功利的考量上。孟子认为，导致战国纷争之“害”的根本性原因在于逐“利”，其解决办法是提倡“仁义”的价值，以从人心上消除祸乱的源头，恢复社会秩序。孟子揭示出，对于一个组织系统来说，推广并极端化“利”的逻辑将导致组织的瓦解。孟子逆潮流而动，极力宣扬儒家的仁义思想，为重建时代价值观奔走呼号，难能可贵。

【朗读指导】

孟子｜见｜梁惠王。王｜曰：“叟，不远千里｜而来，亦将｜有以｜利｜吾国乎？”孟子｜对曰：“王，何必｜曰利？亦有｜仁义｜

此处孟子告诫梁惠王，只谈利益，忽视仁义，必然导致弑君窃国的严重后果。以梁惠王“利吾国”的逻辑，一直推导至

而已矣。王曰，‘何以利吾国？’大夫曰，‘何以利吾家？’士庶人曰，‘何以利吾身？’上下｜交｜征利，而国｜危｜矣。万乘｜之国，弑｜其君者｜必｜千乘｜之家；千乘｜之国，弑｜其君者｜必｜百乘｜之家。万｜取｜千焉，千｜取｜百焉，不为｜不多｜矣。苟为｜后义｜而先利，不夺｜不餍。未有｜仁｜而遗｜其亲｜者也，未有｜义｜而后｜其君｜者也。王亦曰｜仁义｜而已矣，何必｜曰利？”

士庶人“利吾身”，必定产生“上下交征利”的恶果。整节说理坚定有力，有排比之势，朗读时节奏明快，雄浑有力，兼之以抑扬。

梁惠王轻率谈利，未明仁义之道，语气轻佻，而孟子以仁义为本，语气坚定，铿锵有力。最后得出结论，应强调仁义而不是利益，理所当然，无可辩驳，朗读时语气肯定，毫不犹疑。

荀子·大略（节选）

【作者生平】

略。

【写作背景】

战国末期，生产力的发展、军事领域的征伐不断、文化领域的百家争鸣等诸多社会现实的变化，让荀子对义和利有了新认识。荀子生活在战国末期，他也有条件对前人的义利思想进行深入的反思。荀子在批判继承了孔子、孟子、墨子义利思想基础上，提出了“义与利者，人之所两有也”“以义制利，义利统一”的义利观，这无疑是巨大的进步，相比较来说比孟子“不言利”更贴近现实。对于怎样对待利欲，荀子认为必须有所节制，即“以礼养情”“以义制利，义利统一”，从而使社会安定有序。课本节选的这部分中，荀子说明义、利的辩证统一关系，他认为人的社会属性不可剥离，“义与利者，人之所两有也”，即义、利是人的本性需求，任谁都无法去除。有道之君所应该做的就是伸张道义，缔造“以义克利”的盛世。所以，观人不在其是否欲利，而在其能否“义胜利”，也就是《论语》所谓的“见得思义”“见利思义”。这是荀子对儒学的发展。

【朗读指导】

义｜与｜利者，人｜之所｜两有也，虽｜尧、舜｜不能｜去｜民之｜欲利，然而｜能使其｜欲利｜不克其｜好义也。虽｜桀、纣｜亦｜不能｜去民之｜好义｜，然而｜能使其｜好义｜不胜其｜欲利也。故｜义｜胜利者｜为｜治世，利｜克义者｜为｜乱世。

提出凡是人皆有利欲和道义，举例说明利欲和道义的矛盾统一性。朗读平和，读出平实可信。

对“治世”和“乱世”的判断坚定有力，朗读时应表现出来。

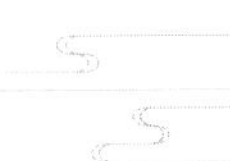

三、款款临风

请完成以下字帖描红。

孟子·梁惠王上（节选）

孟子见梁惠王。王曰："叟，不远千里而来，亦将有以利吾国乎？"孟子对曰："王何必曰利？亦有仁义而已矣。王曰：'何以利吾国？'大夫曰：'何以利吾家？'士庶人曰：'何以利吾身？'上下交征利，而国危矣。万乘之国，弑其君者，必千乘之家；千乘之国，弑其君者，必百乘之家。万取千焉，千取百焉，不为不多矣。苟为后义而先利，不夺不餍。未有仁而遗其亲者也，未有义而后其君者也。王亦曰仁义而已矣，何必曰利？"

荀子·大略（节选）

义与利者，人之所两有也。虽尧舜不能去民之欲利，然而能使其欲利不克其好义也。虽桀纣不能去民之好义，然而能使其好义不胜其欲利也。故义胜利者为治世，利克义者为乱世。

四、娓娓道来

（一）教材“博观约取”里介绍了“管鲍之交”的历史故事，讲述了鲍叔牙让贤、管仲尽忠竭力和齐桓公不计前嫌，弃小利私怨，共扶大义，为齐国强盛共同成就一番大业的历史佳话。请查阅资料，把三人的具体事迹填入下表。

人物	具体事迹	评价
鲍叔牙		
管仲		
齐桓公		

（二）在中国，古往今来，像管仲、鲍叔牙和齐桓公这样以国家大义为重，百姓福祉优先，放弃个人私利私怨的典型人物数不胜数，除管鲍外，教材还提到胡雪岩、黄旭华等人。请选择其中一位向同学们讲述他的故事。

（三）《吕氏春秋》有个故事：鲁国法律规定，鲁国人在国外沦为奴隶，若有人能把他们赎出来，可以到国库报销赎金。一次孔子弟子子贡在国外赎了一个鲁国人，回国后拒收国家奖励金。孔子知道后说：“子贡做错了。从今以后，鲁国人将不会从别国赎回奴仆了。向国家领取补偿金，不会损伤到你的品行，但不领取补偿金，鲁国就没有人再去赎回自己遇难的同胞了。”又有一次，孔子弟子子路救起一名溺水者，那人感谢他送了一头牛，子路收下了。孔子高兴地说：“鲁国人从此一定会勇于救落水者了。”

《鱼我所欲也》是孟子义利之辩的光辉之作：“鱼，我所欲也；熊掌，亦我所欲也。二者不可得兼，舍鱼而取熊掌者也。生，亦我所欲也；义，亦我所欲也。二者不可得兼，舍生而取义者也。”

改革开放初期，中国共产党提出："一部分地区、一部分人可以先富起来，带动和帮助其他地区、其他的人，逐步达到共同富裕。"改革开放，人民积极性和创造性空前高涨，社会财富增长较快，经济社会取得翻天覆地的变化，人们用中国特色社会主义生动而伟大的实践证明了"贫穷不是社会主义"的正确论断。

请从义利观的角度谈谈你对上述三段材料的认识。

五、跃跃欲试

（一）实践目标

义与利是人类发展史上的两只翅膀，义利之辩是千古话题。在中华优秀传统文化核心思想中，正确的义利观占有很高的地位。在一般情况下，义与利同在，不可偏废。在特殊情况下，特别是在民族国家危难时刻，在义与利冲突面前，先义后利，重义轻利，甚至舍生取义。这是中华民族生生不息的力量源泉。今天，在圆梦中华民族伟大复兴的壮阔实践中，完全可以将自我实现的幸福梦同中国梦紧密相连，做一个义利明白人，达致两梦皆圆。

（二）实践过程

1. 了解广东省有哪些为国家和民族发展重义轻利的杰出爱国人士，了解他们的人生轨迹。

2. 实地走访名人故居、名胜古迹、纪念馆、博物馆，收集深明民族大义人士的故事，感受他们的报国热忱。

3. 整理编辑相关资料，做成 ×××（人名）具有高尚义利观人士小档案。

4. 收集相关照片、录像制作小视频，以青年的视角和叙事方式讲述深明民族大义人士的故事，制作启示录。

5. 班级分享实践成果，也可以分小组上传视频网站，以点赞或收藏量做排行。

6. 可以自由组成不超 5 人的小组共同完成，也可 1 人独立完成。

（三）实践成果

1. 编辑重义轻利杰出人士档案卡。

2. 制作重义轻利杰出人士启示录视频。

3. 举办义利观演讲比赛和辩论赛，草拟活动方案。

4. 制作重义轻利杰出人士手抄报。

第三课　格物致知

一、声声入耳

扫二维码听朗诵录音；结合注释，参考教材译文，体会古文中蕴含的思想感情。

礼记·大学（节选）

古之欲明明德[1]于天下者，先治其国[2]。欲治其国者，先齐其家[3]。欲齐其家者，先修其身。欲修其身者，先正[4]其心。欲正其心者，先诚[5]其意[6]。欲诚其意者，先致其知[7]。致知在格物[8]。物格而后知至，知至而后意诚，意诚而后心正，心正而后身修，身修而后家齐，家齐而后国治，国治而后天下平。

【注释】

1. 明明德：前一个“明”字做使动词用，即“使彰明”，也就是发扬、弘扬的意思；后一个“明”字是形容词，明德，即光明正大的德性。
2. 国：古代王、侯的封地。
3. 齐其家：管理好自己的家庭或家族，使家庭和睦相处，家族兴旺发达。
4. 正：使……端正。
5. 诚：使……诚实、真实。
6. 意：意念，想法。
7. 致其知：使自己获得知识，达到完美的理解。
8. 格物：认识、研究万事万物的道理。

四书章句集注·大学章句（节选）

所谓致知在格物者，言欲致[1]吾之知，在即[2]物而穷[3]其理[4]也。盖人心之灵莫不有知，而天下之物莫不有理，惟于理有未穷[5]，故其知有不尽也。是以《大学》始教，必使学者[6]即凡[7]天下之物，莫不因[8]其已知之理而益[9]穷之，以求至[10]乎其极[11]。至于用力之久，一

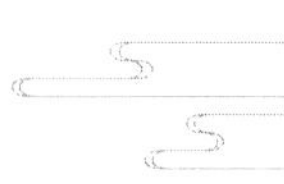

旦豁然贯通[12]焉，则众物之表里[13]精粗[14]无不到，而吾心之全体[15]大用[16]无不明矣。此谓物格[17]，此谓知之至也。

【注释】

1. 致：使……获得。
2. 即：接近，接触。
3. 穷：穷究，彻底研究。
4. 理：规律，准则。
5. 未穷：未穷尽，未彻底。
6. 学者：求学的人，做学问的人。
7. 凡：所有。
8. 因：根据，按照。
9. 益：更加。
10. 至：达到。
11. 极：顶点，终点。
12. 贯通：贯穿起来得到透彻的理解。
13. 表里：指众物的表面现象和内部实情。
14. 精粗：指众物的精细与粗大。
15. 全体：指内心的一切感知能力。
16. 大用：指内心的一切功用。
17. 物格：事理得到了穷究。

二、朗朗上口

在了解古文背景的基础上，借助标记符号朗诵古文。参照相应的朗诵录音，不断提升自己的诵读水平。初期可以跟随录音诵读。

礼记·大学（节选）

【作者生平】

《大学》原是《礼记》的一篇，约为秦汉之际儒家作品。北宋程颢认为它是孔子的遗书。南宋朱熹认为它是曾子及其门人所作，但与《大戴礼记》中《曾子立事》等篇不类。因此，《礼记·大学》的作者至今没有确定的说法。

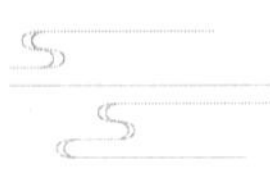

【写作背景】

《大学》是儒家经典中的名篇，原是《礼记》中的一篇，在唐代以前并没引起人们的特别关注。到宋代，理学创始人程颢、程颐非常重视《大学》，称之为“孔氏之遗书，而初学入德之门也”。南宋理学集大成者朱熹又在二程基础上，将它和《论语》《孟子》《中庸》合编为《四书》，在封建社会后期影响极大。《大学》着重阐述了个人道德修养与社会治乱的关系，以“明明德”“亲民”“止于至善”为修养的目标，称为“三纲领”。又提出实现天下大治的八个步骤，即“格物”“致知”“诚意”“正心”“修身”“齐家”“治国”“平天下”，称为“八条目”。其中每一个都以前一个为先决条件，而“修身”是其中最根本的、具有决定意义的一步，前四个是“修身”的方法途径，后三个是“修身”的必然效果。

【朗读指导】

古之｜欲｜明明德｜于｜天下｜者，先治｜其国；欲治｜其国者，先齐｜其家；欲齐｜其家者，先修｜其身；欲修｜其身者，先正｜其心；欲正｜其心者，先诚｜其意；欲诚｜其意者，先致｜其知；致知｜在｜格物。

平和中速，兼之抑扬，环环紧扣，读出逻辑韵味。品读《大学》提出的“八条目”逻辑关系。此处从欲明明德于天下开始，环环倒推，直至“致知在格物”。

物格｜而后｜知至，知至｜而后｜意诚，意诚｜而后｜心正，心正｜而后｜身修，身修｜而后｜家齐，家齐｜而后｜国治，国治｜而后｜天下｜平。

此处从“物格而后知至”开始，顺推至“国治而后天下平”。通过正反推导来说明八条目的学习修养的顺序，修身与平天下的一致。

四书章句集注·大学章句（节选）

【作者生平】

朱熹（1130—1200），南宋理学家、教育家。字元晦，号晦庵，徽州婺源（今属江西）人。生于南剑州尤溪（今属福建）。他继承程颢、程颐的理学，又独立发挥，形成了自己的体系，后人称为程朱理学。曾任泉州同安主簿、知南康军、秘阁修撰等职。主张抗金，认为“和议有百害而无一利”。强调“蓄锐待时”，反对盲目用兵。著有《四书章句集注》《周易本义》《诗集传》《楚辞集注》。

【写作背景】

《四书章句集注·大学章句》是朱熹为《大学》这部经典作的注释。章句，即离章辨句，有分析古书章节句读之意。章句侧重于逐句逐章串讲、分析大意，是古书的一种注释方式。

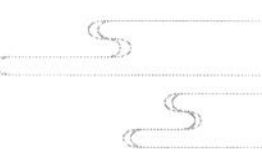

【朗读指导】

所谓｜致知｜在｜格物者，言｜欲｜致吾｜之知，在｜即物｜而｜穷其理｜也。

语速稍慢，平调，强调格物致知的原理，重音在“致”“格”“穷”等词。

盖｜人心｜之灵｜莫不｜有知，而｜天下之物｜莫不｜有理，惟｜于理｜有未穷，故｜其知｜有不尽也。

语速中等，平调，陈述道理，发表观点。

是以｜《大学》始教，必使｜学者｜即｜凡天下之物，莫不｜因其｜已知之理｜而｜益穷之，以求｜至乎其极。

语速稍快，升调，稍稍抑扬。重音在“即”“穷”“极”，突出结论。

至于｜用力之久，一旦｜豁然贯通｜焉，则｜众物｜之｜表里精粗｜无不到，而｜吾心｜之｜全体大用｜无不明｜矣。此谓｜物格，此谓｜知之｜至｜也。

语速放缓，平调，要读出“格物”之后心灵豁然开朗的顿悟感。重音在“明”“至”，恍然大悟状。

三、款款临风

请完成以下字帖描红。

礼记·大学（节选）

古之欲明明德于天下者，先治其国。欲治其国者，先齐其家。欲齐其家者，先修其身。欲修其身者，先正其心。欲正其心者，先诚其意。欲诚其意者，先致其知。致知在格物。物格而后知至，知至而后意诚，意诚而后心正，心正而后身修，身修而后家齐，家齐而后国治，国治而后天下平。

四书章句集注·大学章句（节选）

所谓致知在格物者，言欲致吾
之知，在即物而穷其理也。盖人心
之灵莫不有知，而天下之物莫不有
理，惟于理有未穷，故其知有不尽
也。是以《大学》始教，必使学者
即凡天下之物，莫不因其已知之理
我们所说的获取知识的途径在于认
识和研究事物，是指要想获得知识，
关键在于接触事物并穷究其中的原
理。人的心灵都有认知能力，天下
的事物都有其固有的原理，只是由
于这些原理没有被完全认识清楚，
所以人们的认知才有局限。因此，
《大学》而益穷之，以求至乎其极。
至于用力之久，一旦豁然贯通焉，
则众物之表里精粗无不到，而吾心
之全体大用无不明矣。此谓物格，
此谓知之至也。

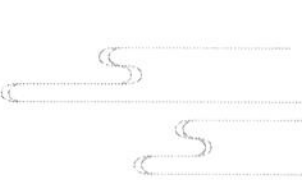

四、娓娓道来

（一）教材“博观约取”里介绍了春秋时期鲁班的故事。鲁班发明创造的故事还有很多，请查阅资料，把相应内容填入下表。

发明物	发明过程

（二）除鲁班外，人类历史上通过观察自然界而获得创造灵感的发明家还有很多。请选择其中一位发明家向同学们讲述他的故事。

（三）《周易·系辞》记载，古代伏羲氏统治天下时，仰头就观察天空的现象，俯首便细看大地的规律，观察鸟兽花纹同大地的合宜，近处择取众多自己亲身体验，远处择取众多观察到的事物，于是根据这些情况开始创作《易经》八卦，用来类推万物实际情况。

《荀子·宥坐》记录了孔子观水的故事。子贡问道，君子见到大水一定要仔细观看，是什么缘故呢？孔子说：水么，能够启发君子（接近自然之德）用来比喻自己的德行修养啊。它遍布天下，给予万物，并无偏私，有如君子的道德；所到之处，万物生长，有如君子的仁爱；水性向下，随物赋形，有如君子的高义；浅处流动不息，深处渊然不测，有如君子的智慧，……所以君子见到大水一定要仔细观察。这便是孔子的论水九德。

中国共产党坚持解放思想、实事求是的思想路线，创造性地提出了贫穷不是社会主义、速度太慢不是社会主义、平均主义大锅饭不是社会主义、市场经济不等于资本主义等符合中国实际和中国道路的系列思想观点，开创了中国特色社会主义道路。

请从格物致知的角度谈谈你对上述三段材料的认识。

五、跃跃欲试

（一）实践目标

千百年来，中华民族始终奉行格物致知的认知和修养方法，今天的实践—认识—再实践的认识论与格物致知思想一脉相承。浩瀚宇宙无穷无尽，人类认识世界和改造世界的实践也无穷无尽。格物方能求得真知，格物方能悟得至理。大到国家大政方针，小到个人修养，均需笃信格物致知精神，努力探索，守正创新，崇德尚技，才能在民族复兴的道路上开启新征程。

（二）实践过程

1. 了解广东省有哪些为国家和民族发展做出重大贡献的杰出科技工作者和思想理论工作者，了解他们的人生轨迹。

2. 实地走访名人故居、名胜古迹、纪念馆、博物馆，收集杰出科技工作者和思想理论工作者的先进事迹，感受他们的探索求知精神。

3. 整理编辑相关资料，做成 ×××（人名）科技工作者和理论工作者小档案。

4. 收集相关照片、录像制作小视频，以青年的视角和叙事方式讲述科技工作者和理论工作者的故事，制作启示录。

5. 班级分享实践成果，也可以分小组上传视频网站，以点赞收藏量做排行。

6. 可以自由组成不超 5 人的小组共同完成，也可 1 人独立完成。

（三）实践成果

1. 编辑杰出科技工作者和理论工作者档案卡。

2. 制作杰出科技工作者和理论工作者启示录视频。

3. 举办杰出科技工作者和理论工作者故事会，草拟活动方案。

4. 制作杰出科技工作者和理论工作者手抄报。

第四课　知行合一

一、声声入耳

扫二维码听朗诵录音；结合注释，参考教材译文，体会诗文中蕴含的思想感情。

朱子语类（节选）

知[1]与行，工夫须[2]著并到。知之愈(yù)[3]明，则行之愈笃(dǔ)[4]；行之愈笃，则知之益[5]明。二者皆不可偏废[6]。如人两足相先后行，便会渐渐行得到。若一边软了，便一步也进不得。然又须先知得，方行得。所以大学先说致知，中庸说知先于仁、勇，而孔子先说知及之[7]。然学问、慎思、明辨、力行，皆不可阙(quē)[8]一。

【注释】

1. 知：认知，学问。
2. 须：须要。
3. 愈：更加，越。
4. 笃：纯一，专一。
5. 益：更加。
6. 偏废：偏重或废弃某一方面。
7. 知及之：见《论语·卫灵公》，意思是凭借聪明才智足以得到它。
8. 阙：同“缺”。

传习录（节选）

知[1]之真切笃(dǔ)实[2]处即是行，行之明觉精察处即是知，知行工夫，本不可离。只为后世学者分作两截用功，失却[3]知行本体，故有合一并进之说。真知即所以为行，不行不足谓之知……尽天下之学，无有不行而可以言学者，则学之始，固已即是行矣。笃者，敦实笃厚之意。已行矣，而敦笃其行[4]，不息其功之谓尔。

【注释】

1. 知：认知，学问。
2. 笃实：踏实，实在。
3. 失却：失掉。
4. 敦笃其行：敦厚笃实地做事。

二、朗朗上口

在了解古文背景的基础上，借助标记符号朗诵诗文。参照相应的朗诵录音，不断提升自己的诵读水平。初期可以跟随录音诵读。

朱子语类（节选）

【作者生平】

略。

【写作背景】

《朱子语类》是南宋哲学家朱熹与其弟子问答的语录汇编。《朱子语类》一书内容丰富，析理精密。共 140 卷，分“理气”“鬼神”“性理”“学”等 26 门。内容涉及自然科学、哲学、政治、史学等各方面，基本上代表了朱熹思想，一向为学者所推崇，为研究朱熹思想的重要资料。

【朗读指导】

知与行，工夫 | 须著并到。	语速放缓，平调，强调知与行。
知之 | 愈明，则 | 行之 | 愈笃；行之 | 愈笃，则 | 知之 | 益明。	语速中等，降调，尾词重音。
二者 | 皆不可 | 偏废。	语速中等，降调，“不可”适当拖音，“废”字重音。
如 | 人两足 | 相先后行，便会 | 渐渐 | 行得到。	语速稍稍加快，平调，“渐渐”“行”重音。
若 | 一边软了，便 | 一步 | 也进不得。	语速中等，降调，“软”“进”重音。
然 | 又须 | 先知得，方 | 行得。	语速放缓，先扬后降，“然”“先”“方”重音。

所以｜大学｜先说致知，中庸｜说知先于｜仁、勇，而｜孔子先说知｜及之。	语速中等，平调，“致知”“仁”“勇”重音。
然｜学问、慎思、明辨、力行，皆｜不可阙一。	语速放缓，平调，“然”稍稍拖音，动词“问”“思”“辩”“行”重音。

传习录（节选）

【作者生平】

王守仁（1472—1529），明代理学家、教育家。字伯安，曾筑室阳明洞中，世称“阳明先生”，余姚（今属浙江）人。弘治进士。正德元年（1506）武宗朱厚照继位，太监刘瑾弄权，王守仁因抗疏救援戴铣等人被刘瑾廷杖，后系狱，不久被贬谪为贵州龙场（修文县治）驿丞。后以镇压农民起义和平定宁王朱宸濠在南昌发动的叛乱，封新建伯，官至南京兵部尚书。卒谥文成。初习程朱理学，遍读朱熹著作，后转陆九渊心学，并发展了陆九渊的学说，用以对抗程朱学派，成为理学内部心一元论的最大代表。

【写作背景】

《传习录》是中国明代哲学家王守仁的语录和论学书信。正德三年，在被贬贵州龙场期间，王守仁的思想发生重要转变。他摒弃朱熹关于向外穷理的格物致知说，注重反求内心的修养方法，并提出知行合一说。后来，王守仁多次与弟子徐爱等人讲述他的《大学》格物致知新说和知行合一说。徐爱自正德七年开始，陆续记下王守仁论学的内容，取名《传习录》。

《传习录》的“传习”出自《论语》的“传不习乎”。该书展现了王守仁的主要哲学思想，上册偏重批评朱熹增改的《大学》古本，反复阐述格物致知新说和心与理一、知行合一的思想。中册为王守仁思想成熟时期的著作，系统地阐述了他的致良知、知行合一、心物合一、天人合一等思想。下册介绍了他晚年各种思想。

【朗读指导】

知之｜真切笃实处｜即是行，行之｜明觉精察处｜即是知，知行｜工夫，本｜不可离。	语速稍快，升调，“知之”“行之”后稍拖音，“行”“知”“不”重音。
只｜为｜后世学者｜分作两截｜用功，失却｜知行本体，故有｜合一并进｜之说。	语速中等，平调，“固有”后稍拖音，“两截”“知行”重音。
真知｜即所以｜为行，不行｜不足｜谓之知……	语速中等，平调，“行”“知”重音。

尽｜天下之学，无有｜不行｜而｜言学者，则｜学之始，固已｜即是行矣。	语速中等，平调，“尽”“学”“不行”“始”“行”重音。
笃者，敦实笃厚｜之意。已｜行矣，而｜敦笃｜其行，不息｜其功｜之谓尔。	语速稍稍放缓，平调，“笃者”后稍拖音，语气稍重，两个“行”字重音。

三、款款临风

请完成以下字帖描红。

朱子语类（节选）

知与行，工夫须著并到。知之愈明，则行之愈笃；行之愈笃，则知之益明。二者皆不可偏废。如人两足相先后行，便会渐渐行得到。若一边软了，便一步也进不得。然又须先知得，方行得。所以大学先说致知，中庸说知先于仁、勇，而孔子先说知及之。然学问、慎思、明辨、力行，皆不可阙一。

传习录（节选）

知之真切笃实处即是行，行之明觉精察处即是知，知行工夫，本不可离。只为后世学者分作两截用

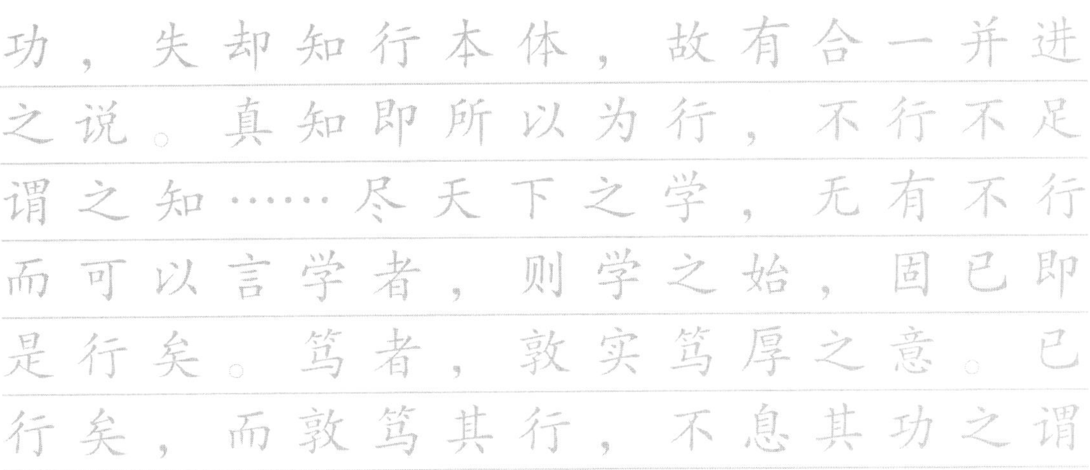

四、娓娓道来

（一）教材“博观约取”里介绍了明代药学家李时珍以身试药，尝遍百草的故事。李时珍先后到武当山、庐山及湖广、河南等地收集药物标本和处方，并拜渔人、樵夫、农民为师，参考历代医药等方面书籍 800 多种，“考古证今、穷究物理”，历经 27 个寒暑，三易其稿，完成了约 190 万字的巨著《本草纲目》。此外他对脉学及奇经八脉也有研究，被后世称之为“药圣”。教材选取的故事说明了李时珍知行合一的研究风格，只是李时珍生平的一个小小的片段，请同学们收集李时珍的事迹，以时间为线索，制作表格，全面了解李时珍的贡献和经历。

时间	经历和贡献

（二）教材里提到了具有知行合一精神的朱熹、王守仁、陶行知、毛泽东等人。请你从中选取一位，按上述方式总结他的事迹（表格自行制作），并给同学们讲述其中的故事。

（三）2012 年 11 月 24 日，我国航母舰载机“歼 –15”成功起降“辽宁舰”，创造了中国的历史。舰载机总设计师罗阳登上辽宁舰，参加舰载机起降试验训练，后来几天一直亲力亲为，一直待在船上。在此次辽宁舰海试过程中，罗阳曾经感到过不适。但他并没有中途下舰，一直坚持到起降试验成功。25 日上午 12 时，圆满完成舰载机试飞任务的辽宁舰回航。人群中，罗阳显得有些憔悴，笑容有些疲惫。那是罗阳留给我们最后的背影，就在离舰登车后，他突发心脏病，抢救 3 个多小时后，不幸离世，年仅 51 岁。中共中央总书记、中央军委主席习近平 2012 年 11 月 26 日作出重要指示，要求党员学习罗阳优秀品质和可贵精神。习近平指出，罗阳身上所具有的信念的能量、大爱的胸怀、忘我的精神、进取的锐气，正是我们民族精神的最好写照，他们都是我们“民族的脊梁”。请你按照上述方法整理出罗阳的优秀事迹，并向同学们讲述罗阳的故事。

提示：上述三题，总结整理事迹时，注意尽量寻找权威材料，以多篇材料能相互印证为佳。

五、跃跃欲试

（一）实践目标

“工匠精神”的内涵就在于精益求精、严谨、耐心、专注、坚持、专业、敬业。现代技工需要工匠精神，践行知行合一，发扬创新精神，为中华民族伟大复兴贡献伟力。通过寻找身边工匠，挖掘他们知行合一、大胆创新的事迹，发扬榜样的力量，弘扬精益求精、推陈出新、艰苦奋斗的工匠精神。

（二）实践过程

1. 组织团队，分组进行调查，统计出广东省的工匠人数，做好工匠行业、地域分布图。

2. 实地走访工匠，制作工匠资料卡，将工匠们的成就、事迹和贡献以档案形式书面化。

3. 选取有代表性的工匠进行资料整理，录制工匠工作现场及生活点滴，以视频形式讲述工匠故事。

4. 班级分享实践成果，也可以分小组上传视频网站，以点赞收藏量做排行。

5. 撰写心得体会，以优秀工匠为榜样，制作属于自己的技工生涯规划表。

（三）实践成果

1. 合作绘制广东省工匠分布简图。

2. 编辑广东省工匠资料档案卡。

3. 制作优秀工匠故事视频。

4. 制作个人技工生涯规划表。

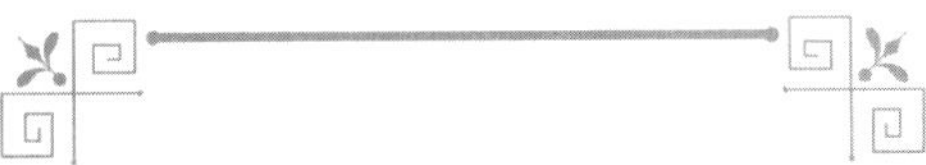

民俗之情

第一课　人世初礼

一、声声入耳

扫二维码，看注释，听朗诵录音。参考教材译文，体会诗文中蕴含的思想感情。

崔侍御以孩子三日示其所生诗见示因以二绝句和（hè）之

[唐] 白居易

洞房[1]门上挂桑弧（hú）[2]，香水[3]盆中浴凤雏（chú）[4]。
还（huán）似初生三日魄（pò），嫦娥满月即（jí）成珠。

爱惜肯将同宝玉，喜欢应胜得王侯。
弄璋（zhāng）[5]诗句多才思，愁杀无儿老邓攸（yōu）[6]。

【注释】

1. 洞房：幽深的内室。这里指卧室。

2. 桑弧："桑弧蓬矢"的略语。古时男子出生，以桑木做弓，蓬草为矢，射天地四方，象征男儿应有志于四方。

3. 香水：调有香料的水。古人认为，洗三时用艾叶、花椒熬成的水，可以祛除不祥，令小儿终身无疥疮。

4. 凤雏：幼小的凤。这里是美称崔侍御所生幼子。

5. 弄璋：指生了男孩。璋，玉器。弄璋意指希望儿子将来有玉一样的美德。古代重男轻女，把璋给男孩子玩。

6. 无儿老邓攸：晋邓攸，字伯道。永嘉末，为石勒所俘，后逃至江南。南逃时，步行，担其儿与侄儿，度不能两全，乃弃子全侄。后竟无子，卒以无嗣。后常用以惋惜有德之人没有子嗣。

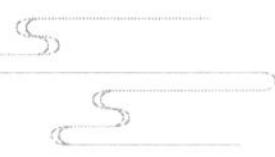

贺陈述古弟章生子

［宋］苏轼

郁葱[1]佳气[2]夜充闾(lǘ)[3]，始见徐卿(qīng)第二雏(chú)[4]。

甚欲去为汤饼客[5]，惟愁错写弄獐(zhāng)[6]书。

参军[7]新妇贤相敌，阿大中郎喜有余。

我亦从来识英物[8]，试教啼(tí)看定何如。

【注释】

1. 郁葱：气盛的样子。

2. 佳气：美好的云气。古代以为是吉祥的象征。

3. 闾：里门。

4. 徐卿第二雏：杜甫《徐卿二子歌》云“徐卿二子生绝奇”，“丈夫生儿有如此二雏者，名位岂肯卑微休”。苏轼以徐卿喻陈述古之弟，以徐卿第二雏喻陈述古弟所生之子。

5. 甚欲去为汤饼客：意思是说，很想去做贺喜的客人。汤饼，汤煮的面食。旧俗生儿三日以汤煮面食招待亲友。

6. 弄獐：李林甫舅舅的儿子太常少卿姜度喜得贵子，李手书庆贺曰“闻有弄獐之庆”。满堂宾客视之皆掩口而笑。李林甫不学无术，不知道“弄璋”的典故，却想卖弄斯文，结果闹出笑话。

7. 参军：官名。晋王浑弟沦，字太冲，曾任大将军参军。这里参军借指陈述古之弟。典出《晋书》：“王浑与妇钟氏共坐，见武子从庭过，浑欣然谓妇曰：‘生儿如此，足慰人意。’妇笑曰：‘若使新妇得配参军，生儿故可不啻如此。’”

8. 英物：杰出的人物。

幼学琼林（节选）

称人生日，曰初度[1]之辰；贺人逢旬(xún)[2]，曰生申[3]令旦。三朝(zhāo)洗儿[4]，曰汤饼之会[5]；周岁试周，曰晬(zuì)盘[6]之期。男生辰曰悬弧[7]令旦[8]，女生辰曰设帨(shuì)[9]佳辰。贺人生子，曰嵩(sōng)岳降神；自谦生女，曰缓急非益[10]。生子曰弄璋，生女曰弄瓦[11]。梦熊梦罴(pí)，男子之兆；梦虺(huǐ)梦蛇，女子之祥。[12]梦兰叶(xié)吉[13]，郑文公妾生穆公之奇；英物[14]称奇，温峤(qiáo)闻声知桓(huán)温之异(yì)。

【注释】

1. 初度：初生的时候。

2. 逢旬：逢十。

3. 生申：如申伯和甫侯的降生。《诗·大稚·嵩高》："嵩高维岳，峻极于天，维岳降神，生甫及申。"意为"嵩山在五岳中居中，巍巍高耸入云霄。嵩山降下神灵，生下了甫侯和申伯"。后也以"嵩岳降神"来祝贺他人生儿子。

4. 洗儿：旧俗，婴儿出生后三日或满月时替其洗身。

5. 汤饼之会：旧俗，寿辰及小孩出生第三天或满月、周岁时举行的庆贺宴会。因备有象征长寿的汤面，故名。汤饼，即今之汤面。

6. 晬盘：旧俗，在婴儿周岁时，以盘盛纸、笔、刀、箭等物，任其抓取，以占其将来之志趣，谓之试儿，又叫试晬、抓周。盛物之盘叫晬盘。

7. 悬弧：古代风俗，生儿子后在家门左面挂一张弧。弧，木弓。

8. 令旦：吉日。

9. 设帨：古代风俗，生女儿，在门右设帨。帨，佩巾。

10. 缓急非益：紧要关头没有好处。汉淳于意有五女而无男。有罪当刑，骂曰："生子不生男，缓急非有益也。"见《汉书·刑法志》。

11. 弄瓦：古时称生女曰弄瓦。瓦，纺锤。《诗·小雅·斯干》："乃生女子，载寝之地。载衣之裼，载弄之瓦。"

12. 梦熊梦罴，男子之兆；梦虺梦蛇，女子之祥：古人认为梦见熊罴这些阳性事物，就是生男孩的预兆；梦见虺蛇这些阴性事物，就是生女儿的祥瑞。《诗·小雅·斯干》："维熊维罴，男子之祥；维虺维蛇，女子之祥。"

13. 梦兰叶吉：春秋时郑文公妾燕姞，梦天使赐予兰，曰："余尔祖也。以是而为子。"后文公见燕姞，与之兰而幸之，后果生穆公，名之为兰。见《左传·宣公三年》。

14. 英物：杰出人物。《晋书·桓温传》："桓温字元子，宣城太守彝之子也。温生未期，而太原温峤见之曰：'此儿有奇骨，可试使啼。'及闻其声，曰：'真英物也。'"

二、朗朗上口

在了解诗歌背景的基础上，借助标记符号朗诵诗文。参照相应的朗诵录音，不断提升自己的诵读水平。初期可以跟随录音诵读。

崔侍御以孩子三日示其所生诗见示因以二绝句和之

【作者生平】

白居易（772—846），唐代诗人。字乐天，晚年号香山居士。生于郑州新郑（今属河南）。自幼聪慧。少年时经历藩镇战乱，接触到民间疾苦，立志苦读。父死母病后，靠长兄白幼文微俸持家，生活艰难。唐德宗贞元十六年（800），进士及第，授秘书省校书郎。元和年间任左拾遗及左赞善大夫。积极参政，上书论事。同时，写了大量的讽喻诗，推动了新乐府诗歌革新。元和十年六月，宰相武元衡被刺，白居易率先上疏请急捕凶手，却被以越职言事的罪名贬为江州（今江西九江）司马。长庆间任杭州刺史，宝历初任苏州刺史，后官至刑部尚书。早期所作讽喻诗，如《秦中吟》《新乐府》中的不少篇章，尖锐地揭发了时政弊端和社会矛盾，于民生困苦也多有反映。其诗语言通俗，相传老妪也能听懂。除讽喻诗外，长篇叙事诗《长恨歌》《琵琶行》也很有名。有《白氏长庆集》。

【写作背景】

生儿育女是家庭、家族的一桩大喜事，因此，当婴儿一出生，主人就要到亲戚、朋友、邻里家去报告喜讯。崔侍御生子作诗给老友白居易报喜，白居易见了崔侍御的生子诗后，和了他两首绝句以示祝贺，成就了文坛一段佳话。

【朗读指导】

洞房｜门上｜挂桑弧	平调。叙述装饰情景。
香水｜盆中｜浴凤雏	平调。叙述装饰情景。
还似｜初生｜三日魄	升调，喜悦。表达强烈的喜悦之情。
嫦娥｜满月｜即成珠	降调，坚定。表达强烈的喜悦之情。
爱惜｜肯将｜同宝玉	升调。表达期望和喜悦之情。
喜欢｜应胜｜得王侯	降调。表达强烈的期望与祝福之情。
弄璋｜诗句｜多才思	升调。赞叹。
愁杀｜无儿｜老邓攸	降调。表达自己无儿无女沉郁之情。

贺陈述古弟章生子

【作者生平】

苏轼（1037—1101），北宋文学家、书画家。字子瞻，号东坡居士，眉州眉山（今属四川）人。苏洵之子。嘉祐进士。神宗时曾任职史馆，因与王安石政见不合而求外职，任杭州通判，继知密、徐、湖三州。元丰二年（1079）七月以诗文谤讪新政的罪名被捕入狱，数月后获释，被贬为黄州团练副使，史称“乌台诗案”。哲宗时任翰林学士，曾出知杭州、颍州等，官至礼部尚书。后又被贬谪到惠州、儋州。徽宗即位，遇赦北归，第二年病死常州。南宋时追谥文忠。与父苏洵、弟苏辙，合称“三苏”，俱被列入“唐宋八大家”。

【写作背景】

这是一首贺人生子的风俗诗。

苏轼在诗中表达自己在得知陈章家喜得第二位佳公子之时，很想去参加三朝礼的汤饼

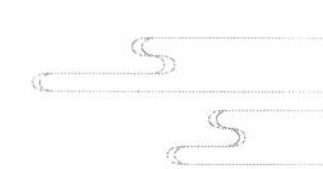

宴，而又担心自己才华有限，写不好贺词。苏轼好风趣，本诗句句用典，十分妥帖。诗中，苏东坡巧用掌故，曲言“惟愁错写弄獐书”，诙谑之笔，令人掩口。这种表达方式，一定会让主人高兴。虽抓了李林甫的笑柄，读来却讨人喜爱，借着李林甫的笑话，其实是在祝贺主人喜得贵子。

【朗读指导】

郁葱｜佳气｜夜充间 始见｜徐卿｜第二雏	平调。点出所咏之事，表达祝贺之情。
甚欲｜去为｜汤饼客	升调。语势上扬。
惟愁｜错写｜弄獐书	降调。语气加强。
参军｜新妇｜贤相敌 阿大｜中郎｜喜有余	平调。表达对陈章夫妇及孩子们的赞美之情。
我亦｜从来｜识英物	升调。表达对孩子未来的祝福之情。
试教｜啼看｜定何如	降调。

幼学琼林（节选）

【作者生平】

一般认为,《幼学琼林》最初的著者是明末的程登吉，也有的人认为作者是明景泰年间的进士邱睿。清朝的嘉庆年间，邹圣脉对该书作了一些补充，并且更名为《幼学故事琼林》（又称《幼学琼林》，简称《幼学》)。民国时，费有容、叶浦荪等又进行了增补，遂成为今天我们所见的这一版本。

程登吉，字允升，明代西昌人，生平不详。

【写作背景】

《幼学琼林》最初叫《幼学须知》，又称《成语考》《故事寻源》，属于古代的蒙学课本，共四卷。此书内容丰富，涉及面广，堪称中国古代蒙学读物中编得最好、影响最大的读本。内容广博精深，涉及天文、地理、历史人物、典章制度、饮食起居、生老病死、婚丧嫁娶等，可谓应有尽有，是一部名副其实的蒙学百科全书。含有不少格言警句、成语掌故，语言简明通俗，字数不拘，遣词力求两两成对，通顺上口，以便易学易懂、易背易用。该书影响较广，以至有“读了《增广》会说话，读了《幼学》走天下”之誉。

【朗读指导】

称人｜生日，曰｜初度之辰；贺人｜逢旬，曰｜生申令旦。三朝｜洗儿，曰｜汤饼之

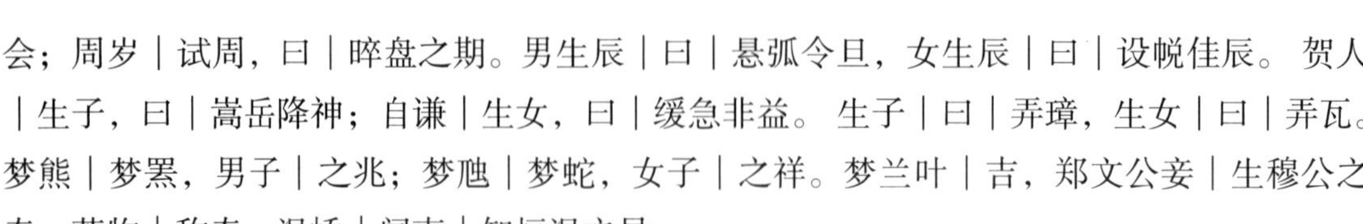

会；周岁｜试周，曰｜晬盘之期。男生辰｜曰｜悬弧令旦，女生辰｜曰｜设帨佳辰。贺人｜生子，曰｜嵩岳降神；自谦｜生女，曰｜缓急非益。生子｜曰｜弄璋，生女｜曰｜弄瓦。梦熊｜梦罴，男子｜之兆；梦虺｜梦蛇，女子｜之祥。梦兰叶｜吉，郑文公妾｜生穆公之奇；英物｜称奇，温峤｜闻声｜知桓温之异。

三、款款临风

请完成以下字帖描红。

崔侍御以孩子三日示其所生诗见示因以二绝句和之

［唐］白居易

洞房门上挂桑弧，
香水盆中浴凤雏。
还似初生三日魄，
嫦娥满月即成珠。
爱惜肯将同宝玉，
喜欢应胜得王侯。
弄璋诗句多才思，
愁杀无儿老邓攸。

贺陈述古弟章生子

［宋］苏轼

郁葱佳气夜充闾，

始见徐卿第二雏。
甚欲去为汤饼客，
惟愁错写弄獐书。
参军新妇贤相敌，
阿大中郎喜有余。
我亦从来识英物，
试教啼看定何如。

幼学琼林（节选）

称人生日，曰初度之辰；贺人逢旬，曰生申令旦。三朝洗儿，曰汤饼之会；周岁试周，曰晬盘之期。男生辰曰悬弧令旦，女生辰曰设帨佳辰。贺人生子，曰嵩岳降神；自谦生女，曰缓急非益。生子曰弄璋，生女曰弄瓦。梦熊梦罴，男子之兆；梦虺梦蛇，女子之祥。梦兰叶吉，郑文公妾生穆公之奇；英物称奇，温峤闻声知桓温之异。

四、娓娓道来

（一）教材“博观约取”里介绍了百家衣、孙权立嗣等内容。教材“源远流长”里介绍了求子、报喜、出生第三天、满月、百日、周岁等的礼仪。请在当地开展实地调研活动并查阅相关资料，总结并整理出当地关于诞生礼或贺生礼的风俗习惯，填入下表（此表可自行扩展）。

风俗习惯名称	习俗内容	起源及涉及地域范围

（二）抓周亦称试儿，一般在婴孩周岁之日举行，以此来预测孩子的前程。此习俗可追溯到三国时孙权试儿的故事。其后，许多人也用类似的方法来预测儿孙的未来。

抓周是否可以预测孩子前程？请你结合身边的人与事，谈谈你自己的看法。

____

____

____

____

____

____

（三）百家衣是指收集多家各色碎布缝制成的儿童服装。旧时民间办百日，有给孩子穿百家衣的风俗。有些地区还会给多病的孩子穿百家衣。收集多家布料，意味着集结许多人的力量和智慧。百家衣上通常还会饰以花卉、猛兽和各种吉祥图案。清代学者翟灏《通俗编·服饰·百家衣》称百家衣为小儿文褓，可增强儿童体魄。

百家衣有什么寓意？请你结合现代医学保健知识，谈谈如何增强儿童体魄。

____

五、跃跃欲试

（一）实践目标

人世初礼即诞生礼。中华民族自古热爱生命，孔子曾说过“未知生，焉知死”，强调对“生”的重视。生命的历程从孕育开始，在经历十个月的守望之后，瓜熟蒂落。新生命的降临，正是上苍赐予父母最珍贵的礼物。亲友们用各种仪式为孩子祈福，有些礼俗沿用至今。通过寻找身边求子、报喜、满月、百日、周岁等时的礼仪，体会父母及亲友对新生命的热爱及祝福，领悟“生”的意义，更加热爱生命。

（二）实践过程

1. 通过网络了解广东省各地、各民族有哪些求子、报喜、出生第三天、满月、百日、周岁等时的风俗习惯。

2. 实地走访广东省各地区，体验不同的风土人情、人世初礼。

3. 整理编辑相关资料，做成 ××（地名）人世初礼、风俗习惯小档案。

4. 收集相关照片，录像制作小视频，以青年的视角和叙事方式讲述各地不同的人世初礼的风俗习惯。

5. 班级分享实践成果，也可以分小组上传视频网站，以点赞收藏量做排行。

6. 可以自由组成不超 5 人的小组共同完成，也可 1 人独立完成。

（三）实践成果

1. 编辑各地人世初礼、风俗习惯档案卡。

2. 制作各地人世初礼、风俗习惯小视频。

3. 为体验各地人世初礼、风俗习惯草拟活动方案。

4. 制作各地人世初礼、风俗习惯手抄报。

第二课　加冠及笄

一、声声入耳

扫二维码，看注释，听朗诵录音。参考教材译文，体会诗文中蕴含的思想感情。

咏史·弱冠(guàn)[1]弄柔翰(hàn)[2]

［西晋］左思

弱冠弄柔翰，卓荦(luò)[3]观群书。

著论准《过秦》，作赋拟《子虚》。[4]

边城苦鸣镝(dí)[5]，羽檄(xí)[6]飞京都。

虽非甲胄(zhòu)士[7]，畴昔[8]览穰苴(ráng jū)[9]。

长啸[10]激清风[11]，志[12]若无东吴[13]。

铅刀贵一割[14]，梦想骋(chěng)良图[15]。

左眄(miǎn)[16]澄(chéng)[17]江湘[18]，右盼[19]定羌(qiāng)胡[20]。

功成不受爵[21]，长揖(yī)[22]归田庐[23]。

【注释】

1. 弱冠：古代男子二十岁行冠礼，因为还没达到壮年，称作弱冠，后世泛指男子二十左右的年纪。语出《礼记·曲礼》："人生十年曰幼，学；二十曰弱，冠。"

2. 弄柔翰：指写作。柔翰，毛笔。

3. 卓荦：卓越出众。

4. 著论准《过秦》，作赋拟《子虚》：写作时，政论以《过秦论》为标准，辞赋以《子虚赋》为范式。论，文体的一种，即议论文。准，以……为准则。《过秦》，指汉朝贾谊所著《过秦论》。赋，我国古代文体名，是韵文和散文的综合体，讲究辞藻、对偶、用韵。拟，比拟，类似。《子虚》，汉朝司马相如所作《子虚赋》。

5. 苦鸣镝：苦于战争。鸣镝，即响箭，古时发射它作为战斗的信号。这里代指战争。

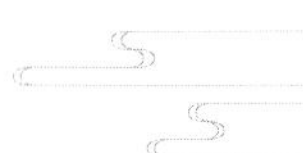

6. 羽檄：紧急的军事文书。插鸟羽以示紧急，须速递。

7. 甲胄士：指军人、战士。甲，铠甲。胄，头盔。

8. 畴昔：从前，往时。

9. 穰苴：《司马穰苴兵法》的简称，春秋时代齐国的一部兵书。春秋时齐国大司马田穰苴，善于治军和作战。曾著兵法若干卷。齐景公因为他抵抗燕、晋有功，尊为大司马，所以叫“司马穰苴”。这里泛指兵书。

10. 长啸：撮口长呼，魏晋时人们常以此抒发情怀。

11. 激清风：（啸声）激荡着清风。

12. 志：豪气。

13. 无东吴：不把东吴放在眼里。东吴，指三国时孙权建立的江东吴国政权。

14. 铅刀贵一割：东汉班超上疏章帝，希望施展“铅刀一割”之用。这里沿用其语，比喻自己虽然钝驽无能，但是还可为国一用。铅刀，铅质的刀。铅是一种很软的金属，以铅做刀，其钝可知，故以之表示谦虚。

15. 骋良图：施展自己的抱负，指为国立功，功成身退。骋，驰骋，施展。良图，远大的理想。

16. 眄：斜着眼睛看。

17. 澄：澄清，平定。

18. 江湘：长江、湘水，当时大部分为东吴所有，这里代指东吴。

19. 盼：看。

20. 羌胡：指五胡中的羌族，分布在今青海、甘肃一带。

21. 受爵：指受赏封官。爵，禄位。

22. 长揖：拱手高举，自上而下行礼。

23. 田庐：田舍，家园。

排　闷

[宋] 陆游

丈夫结发[1]志功名，大事真当以死争。

我昔驻车[2]筹(chóu)笔驿(yì)[3]，孔明[4]千载尚如生。

【注释】

1. 结发：束发，古时男子自成童开始束发，因以指初成年。

2. 驻车：停车。

3. 筹笔驿：古驿名。在今四川广元市北。相传诸葛亮出师，曾驻军筹划于此，故名。

曾为川陕间交通要站。明改名朝天驿，后南移今址。

4. 孔明：即诸葛亮。

明月篇（节选）

［明］王廷相

长安思妇[1]上高楼[2]，见月偏惊枕簟(diàn)[3]秋。

寒衣未寄清霜塞，独夜深闺玉箸(zhù)[4]流。

闺中络纬[5]宵唧唧(jī jī)[6]，朝下裁缝暮仍织。

征人远戍(shù)在龙城[7]，作得戎(róng)衣[8]长叹息。

与君结发[9]方及笄(jī)[10]，不谓少年成独栖。

回文织就[11]空传恨，团扇妆成却掩啼。

鸿衔尺素[12]君可闻，宝帐兰烟徒自薰。

今年且对长安月，明年愿作巫山云。

【注释】

1. 思妇：怀念远行丈夫的妇人。

2. 高楼：古诗中多以高楼代指闺中。

3. 枕簟：枕席。泛指卧具。

4. 玉箸：玉制的筷子，喻眼泪。

5. 络纬：虫名，即莎鸡，俗称络丝娘、纺织娘。夏秋夜间振羽作声，声如纺线，故名。

6. 唧唧：形容虫叫声。

7. 龙城：古城名，在古诗中常用于指代边城。

8. 戎衣：军服，战衣。

9. 结发：古代结婚时要行男女并坐束发合髻之仪，故指结婚。

10. 及笄：指女子年满十五岁。笄，古代束发用的簪子。古代女子一般到十五岁以后，就把头发盘起来，并用簪子绾住，表示该女子已经成年。

11. 回文织就：织好了给远方丈夫的回文锦书。回文，指回文诗，杂体诗名。通常是指可以倒读的诗篇。魏晋南北朝时期，前秦的秦州刺史窦滔因故被流放到边远之地。他的妻子苏蕙善于写文章，她将对丈夫的思念之情用五色丝织成回文旋图诗寄去。锦上绣有八百四十字，无论顺读还是倒读，都可以成句成诗，诗意凄切婉转，表达了妻子对远方丈夫的思念之情。此处代指妻子写的书信或情诗。

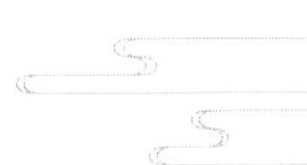

12. 尺素：古人用绢帛书写，通常长一尺，故称写文章所用的短笺为“尺素”。亦指书信。

遣(qiǎn)兴（其一）

［清］袁枚

爱好(hào)[1]由来[2]下笔难[3]，一诗千改始[4]心安。

阿婆还似初笄(jī)女[5]，头未梳成[6]不许看。

【注释】

1. 爱好：追求诗歌的高境界。
2. 由来：自始以来。
3. 下笔难：正因为立志高远，所以创作态度要谨慎严肃，不可掉以轻心，草率从事。
4. 始：才。
5. 阿婆还似初笄女：比喻老年时写诗还像少时一样不肯草率。阿婆，系作者自比，此时作者已 76 岁高龄。
6. 头未梳成：比喻诗未改定。

二、朗朗上口

在了解诗歌背景的基础上，借助标记符号朗诵诗文。参照相应的朗诵录音，不断提升自己的诵读水平。初期可以跟随录音诵读。

咏史·弱冠弄柔翰

【作者生平】

左思（约 250—约 305），西晋文学家。字太冲，齐国临淄（今山东淄博市临淄区北）人。他家世业儒学。少时曾学书法鼓琴，皆不成，后来由于父亲的激励，乃发愤勤学。左思貌丑口讷，不好交游，但辞藻华丽。他构思 10 年，写成《三都赋》，洛阳因之纸贵。泰始八年（272）前后，因其妹左棻被选入宫，举家迁居国都洛阳。入京之初他也有做高官的理想，却为门阀制度所阻遏，官止于秘书郎。原有集，已散佚，后人辑有《左太冲集》。

【写作背景】

在晋代，门阀士族把持政权，通过九品中正制，垄断了做高官的通路，许多有才有德但门第较低的人，往往得不到为国家人民服务的机会。左思博学多能，然出身寒微，一生仕途不得意。其代表作《咏史》共八首，就是针对这一情况而发出的不平之鸣。在《咏史》诗中，作者激烈抨击了门阀士族制度，表现了他蔑视权贵的反抗精神。这些诗歌大都通过对古人古事的歌咏来抒发自己的情感，题名咏史，实则咏怀。此篇为《咏史》第一首，表达了作者愿为国立功和功成不受爵的胸怀抱负。

【朗读指导】

弱冠｜弄柔翰	升调，略激昂。表达自豪之情。
卓荦｜观群书	降调。坚定地。表达自我肯定之意。
著论｜准《过秦》	升调，略激昂。表达自豪之情。
作赋｜拟《子虚》	降调。坚定地。表达自我肯定之情。
边城｜苦鸣镝	降调。表达对人民苦于战乱的同情之心。
羽檄｜飞京都	平调。叙述告急文书飞快地传到京城。
虽非｜甲胄士	平调。表明自己身份。
畴昔｜览穰苴	平调。表明自己兼通军事。
长啸｜激清风	升调。表达自己的志气。
志若｜无东吴	降调。确定自己的信心。
铅刀｜贵一割	升调。表达期盼之情。
梦想｜骋良图	降调。确定可以实现自己的愿望。
左眄｜澄江湘	升调。表达期盼之情。
右盼｜定羌胡	降调。确定可以实现自己的愿望。
功成｜不受爵 长揖｜归田庐	平调。表明自己功成之后归隐田园的心愿。

排　闷

【作者生平】

略。

【写作背景】

此诗系陆游诸多排闷诗之一，写于官场不顺受排挤之时，诗人因坚持抗金，屡遭主和

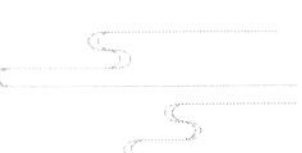

派排斥，壮志难酬，故有此作。这首诗语言平易晓畅，章法严谨，表达了爱国热情，同时暗示了诗人阴郁悲凉的情绪。

【朗读指导】

丈夫｜结发｜志功名	升调。表达大丈夫建功立业的壮志。
大事｜真当｜以死争	降调。表明愿为家国大事以死相争的豪情。
我昔｜驻车｜筹笔驿	升调。语势上扬，表达自己怀念过去军旅生涯之情。
孔明｜千载｜尚如生	降调。语气肯定。希望诸葛亮的精神永存。

明月篇（节选）

【作者生平】

王廷相（1474—1544），明代思想家、文学家。字子衡，号浚川，仪封（今河南兰考东）人。弘治十五年（1502）进士。正德初，忤权臣刘瑾，谪亳州（今属安徽）。瑾败，召为御史。嘉靖二年（1523）以右副都御史巡抚四川，讨平芒部首领沙保，迁南京兵部尚书。著有《雅述》《慎言》等。

【写作背景】

此诗以思妇的情感为主线，通过明月千里寄相思引人共情。这首诗描绘了夫妻情感的和谐及婚姻生活的美好，抒发了因为战乱夫妻不得相守的愁情离绪。语言精妙、行文流畅、情真意切，既描述了夫妻间情感的美好，又对乱世不得团聚深感惋惜。

【朗读指导】

长安｜思妇｜上高楼	升调。表达思念戍守边疆的丈夫。
见月｜偏惊｜枕簟秋	降调。语气郁闷，表达哀伤之情。
寒衣｜未寄｜清霜塞	升调。寒衣不能送到丈夫手上，内心万分遗憾。
独夜｜深闺｜玉箸流	降调。表达思妇痛苦之情。
闺中｜络纬｜宵唧唧	平调。描述半夜虫叫的声音。
朝下｜裁缝｜暮仍织	平调。叙述思妇辛勤劳作的情形。
征人｜远戍｜在龙城	升调。思念之情无法排解。
作得｜戎衣｜长叹息	降调。语气哀伤沉闷，思念之情愈深。
与君｜结发｜方及笄	升调。语气愉悦，叙述美好过去。

不谓丨少年丨成独栖	降调。语气忧伤。面对残酷现实。
回文丨织就丨空传恨	升调。传达离愁别绪。
团扇丨妆成丨却掩啼	降调。现实残酷，内心伤悲。
鸿衔丨尺素丨君可闻	升调。寄情书信，思念之情连绵不断。
宝帐丨兰烟丨徒自薰	降调。无奈在家苦苦等待丈夫平安归来。
今年丨且对丨长安月	平调。自我对着孤月倾诉思念之情。
明年丨愿作丨巫山云	降调。坚信可以团聚，从此永不分离。

遣兴（其一）

【作者生平】

袁枚（1716—1798），清代文学家。字子才，号简斋、随园，浙江钱塘（今杭州）人。乾隆四年（1739）进士，授翰林院庶吉士。乾隆七年改放外任，在溧水、江浦、沭阳、江宁等地任知县，有政声。乾隆十三年辞官，定居江宁（今江苏南京市），筑室于小仓山隋氏废园，改名随园，世称随园先生。从此不再出仕。有《小仓山房集》《随园诗话》《子不语》等。

【写作背景】

这首诗作于乾隆五十六年（1791），袁枚以自己的创作为例，倡导诗人创作应该具有反复修改、精益求精的态度。这是一首论诗诗。论诗诗是中国古代一种独特的文学批评形式，上乘的论诗诗，要既能表现关于诗歌创作的精辟见解，又不失其诗歌的艺术特征；或者说要通过生动的艺术形式来表达关于诗歌创作的见解。这首七绝即是一首比较好的论诗诗。本诗是作者一生诗歌美学观点的形象概括。

【朗读指导】

爱好丨由来丨下笔难，	平调。表明写诗的艰难。
一诗丨千改丨始心安。	降调。充分肯定自己的艺术追求、个性。
阿婆丨还似丨初笄女，	升调。表达对诗歌创作的喜爱之情。
头未丨梳成丨不许看。	降调。语气强烈坚定。

三、款款临风

请完成以下字帖描红。

咏史·弱冠弄柔翰

［西晋］左思

弱冠弄柔翰，卓荦观群书。
著论准《过秦》，
作赋拟《子虚》。
边城苦鸣镝，羽檄飞京都。
虽非甲胄士，畴昔览穰苴。
长啸激清风，志若无东吴。
铅刀贵一割，梦想骋良图。
左眄澄江湘，右盼定羌胡。
功成不受爵，长揖归田庐。

排闷

［宋］陆游

丈夫结发志功名，
大事真当以死争。
我昔驻车筹笔驿，
孔明千载尚如生。

明月篇（节选）

［明］王廷相

长安思妇上高楼，
见月偏惊枕簟秋。
寒衣未寄清霜塞，
独夜深闺玉箸流。
闺中络纬宵唧唧，
朝下裁缝暮仍织。
征人远戍在龙城，
作得戎衣长叹息。
与君结发方及笄，
不谓少年成独栖。
回文织就空传恨，
团扇妆成却掩啼。
鸿衔尺素君可闻，
宝帐兰烟徒自薰。
今年且对长安月，
明年愿作巫山云。

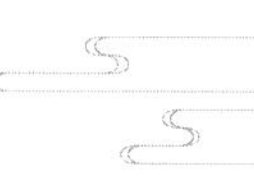

遣兴（其一）

［清代］袁枚

爱好由来下笔难，
一诗千改始心安。
阿婆还似初笄女，
头未梳成不许看。

四、娓娓道来

（一）教材“博观约取”里介绍了成人礼的重要性、年龄称谓等内容。在“源远流长”里介绍了“三加”之礼、授字等内容。请查阅资料，总结并整理我国成人礼的演变过程填入下表（此表可自行扩展）。

时间	成人礼演变情况

（二）成人礼是仪式，我国古代就有男子成年举行冠礼，女子成年举行笄礼的传统。请分析，在当代，成人礼对年轻人有哪些意义？

（三）十七八岁是一个人世界观、人生观、价值观初步形成的阶段。作为一个新时代的青年学生，请你谈谈你希望有一个怎样的成人礼？

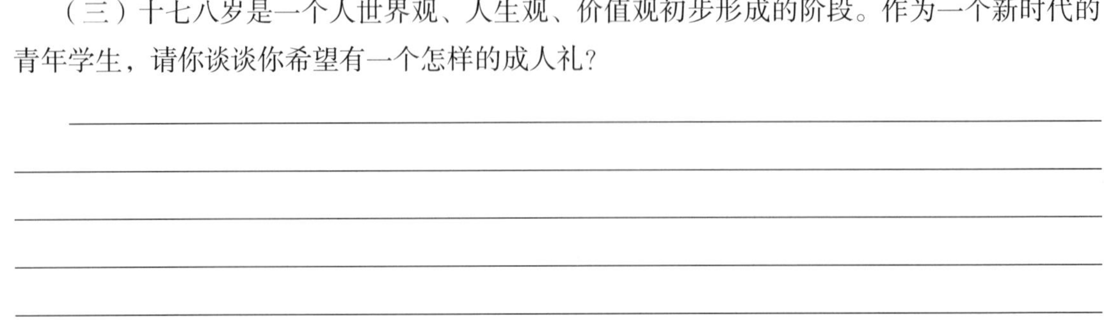

五、跃跃欲试

（一）实践目标

本次活动旨在通过策划举办成人礼，宣传中华优秀传统文化，使青少年在活动中接受传统文化的熏陶。培养学生的组织策划、沟通协调等能力。

（二）实践过程

1. 通过网络了解我国各地举行成人礼的风俗习惯。
2. 在学校走访师生，做好调研工作，了解师生，特别是同学们对成人礼的理解与期待。
3. 在班级组织策划并举办一个成人礼的活动。
4. 收集相关照片、录像，制作小视频，以青年的视角和叙事方式讲述故事。
5. 在班级群、家长群分享实践成果。

（三）实践成果

1. 编辑收集成人礼心愿卡。
2. 草拟班级成人礼活动方案。
3. 制作班级成人礼照片集、活动小视频。
4. 制作班级成人礼手抄报。

第三课　婚嫁合卺

一、声声入耳

扫二维码，看注释，听朗诵录音。参考教材译文，体会诗文中蕴含的思想感情。

桃　夭

《诗经·国风·周南》

桃之夭夭[1]，灼灼[2]其华[3]。

之子于归[4]，宜[5]其室家[6]。

桃之夭夭，有蕡(fén)[7]其实。

之子于归，宜其家室。

桃之夭夭，其叶蓁蓁(zhēn)[8]。

之子于归，宜其家人。

【注释】

1. 夭夭：美丽而茂盛的样子。
2. 灼灼：鲜明光亮的样子。
3. 华：同“花”。
4. 之子于归：这位姑娘出嫁。之，这。子，指女子，古代女子也称“子”。于，往。归，出嫁。后来称女子出嫁为于归。
5. 宜：和顺。
6. 室家：家庭。此指夫家，下面的“家室”“家人”均指夫家。
7. 蕡：果实硕大的样子。
8. 蓁蓁：树叶茂盛的样子。

寿阳王花烛

［唐］沈佺期

仙媛（yuàn）[1]乘龙夕[2]，天孙[3]捧雁来。

可怜[4]桃李树，更绕凤凰台[5]。

烛送香车[6]入，花临宝扇开。

莫令银箭[7]晓，为尽合欢杯[8]。

【注释】

1. 仙媛：仙女。这里指寿阳王的新妇。
2. 夕：古代的一种礼制。指傍晚时见君王。这里指傍晚时寿阳王新妇来与寿阳王成婚。
3. 天孙：这里是美称寿阳王。
4. 可怜：可爱。
5. 凤凰台：传说秦穆公的幼女弄玉和箫史吹箫引凤至一楼台，故名凤凰台。这里借指宫苑中的楼台。
6. 香车：用多种香木制作或用多种香料涂饰的车。亦泛指华美的车，多指妇女所乘车。
7. 银箭：标记时刻以计时的银饰漏箭。这里借指时间。
8. 合欢杯：指合卺酒。卺是瓢，把一个匏瓜剖成两个瓢，新郎新娘各拿一个用来饮酒。

幼学琼林（节选）

良缘由夙缔（sù dì）[1]，佳偶[2]自天成。

蹇（jiǎn）修[3]与柯人[4]，皆是媒妁（shuò）[5]之号；

冰人[6]与掌判[7]，悉是传言之人[8]。

礼须六礼[9]之周，好合[10]二姓[11]之好。

女嫁曰于归[12]，男婚曰完娶[13]。

婚姻论财，夷虏（lǚ）之道[14]；

同姓不婚，周礼则然。[15]

女家受聘礼，谓之许缨[16]；

新妇谒（yè）祖先，谓之庙见[17]。

文定[18]纳采[19]，皆为行聘[20]之名；

女嫁男婚，谓了子平[21]之愿。

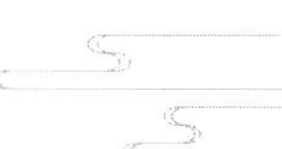

成婚之日曰星期[22]，传命之人曰月老[23]。

下采[24]即是纳币，合卺(jǐn)系是交杯[25]。

【注释】

1. 夙缔：早已缔结。夙，早。缔，结。

2. 佳偶：美好的配偶。偶，配偶。

3. 蹇修：相传古时善为人做媒的人。

4. 柯人：媒人。《诗经・豳风・伐柯》："伐柯如何，匪斧不克。取妻如何，匪媒不得。"后称为人做媒叫伐柯。

5. 媒妁：婚姻介绍人。

6. 冰人：媒人。《晋书・索紞传》："孝廉令狐策梦立冰上，与冰下人语。紞曰：'冰上为阳，冰下为阴，阴阳事也。士如归妻，迨冰未泮，婚姻事也。君在冰上与冰下人语，为阳语阴，媒介事也。君当为人作媒，冰泮而婚成。'"

7. 掌判：媒人。《周礼・地官・媒氏》中有"掌万民之判"的说法。郑玄注："判，半也。得耦为合，主合其半，成夫妇也。"后渐称媒人为掌判。

8. 传言之人：传话的人，这里指传达男女两家的话的人，就是我们说的媒人。

9. 六礼：旧时婚姻有六礼，即纳采、问名、纳吉、纳征、请期、迎亲。

10. 好合：美满地结合。

11. 二姓：指缔结姻缘的男女两家。

12. 于归：古时候称女子出嫁。《诗经・周南・桃夭》："之子于归，宜其家人。"

13. 完娶：古代指男子完婚。

14. 夷虏之道：夷虏，旧时对异族的贬称。隋代王通《中说》："婚娶而论财，夷虏之道也，君子不入其乡。"

15. 同姓不婚，周礼则然：同姓不结婚，这是周礼的法则。《周礼》："同姓不婚，教亲也。"

16. 许缨：许婚。《礼记・曲礼上》："女子许嫁，缨。"缨，彩带。古代女子许嫁时所系。

17. 庙见：到宗庙参拜祖先。

18. 文定：择吉日纳币订婚。

19. 纳采：婚姻六礼之一，男方送求婚的礼物，即行聘。

20. 行聘：下聘礼的意思。

21. 子平：东汉向长，字子平，隐居不仕，在家人男女娶嫁完毕之后，与友人北海禽庆，游五岳名山，不知所终。

22. 星期：古时称成婚日为星期。《诗经・唐风・绸缪》："绸缪束薪，三星在天，今夕何夕，见此良人。"

23. 月老：月下老人。民间传说中称主管男女婚姻的神为月下老人，简称月老。

24. 下采：纳彩礼。男方向女方下聘礼。

25. 交杯：旧时婚礼，夫妻饮交杯酒。

二、朗朗上口

在了解诗歌背景的基础上，借助标记符号朗诵诗文。参照相应的朗诵录音，不断提升自己的诵读水平。初期可以跟随录音诵读。

桃夭

【作者生平】

现代研究者认为《周南》中的大部分作品都是民歌，由劳动人民集体口头创作。作者大都是妇女，反映出她们恋爱、婚姻、归宁、思夫、劳动等生活场景，有很浓烈的生活气息。

【写作背景】

《国风》大体产生于西周初期至春秋中期。《周南》为《诗经》“十五国风”之一。共十一篇。与《召南》并称“二南”。

《桃夭》，《周南》第六篇，是一首祝贺年轻姑娘出嫁的诗。全诗三章，每章四句，以桃树的枝、花、果、叶作为比兴事物，衬托出新嫁娘的年轻美丽以及成婚的快乐气氛。“桃之夭夭，灼灼其华”，这个比喻对后世影响很大。古代诗词小说中形容女子面貌姣好常用“面若桃花”“艳如桃李”“人面桃花相映红”等词句，可能就是受了《桃夭》一诗的启发。

【朗读指导】

诗句	朗读指导
桃之｜夭夭，	升调，轻快地。
灼灼｜其华。	平调，较平缓。表达对桃花盛开的赞叹。
之子｜于归，	升调，轻快地。
宜其｜室家。	降调，较缓慢。表达美好的祝愿。
桃之｜夭夭，	升调，轻快地。
有蕡｜其实。	平调，较平缓。表达对硕果累累的赞叹。
之子｜于归，	升调，轻快地。
宜其｜家室。	降调，较缓慢。表达美好的祝愿。
桃之｜夭夭，	升调，轻快地。

其叶｜蓁蓁。	平调，较平缓。表达对枝繁叶茂的赞叹。
之子｜于归，	升调，轻快地。
宜其｜家人。	降调，较缓慢。表达美好的祝愿。

寿阳王花烛

【作者生平】

沈佺期（约656—716），唐代诗人。字云卿，相州内黄（今河南内黄西）人。高宗上元二年（675）进士及第。由协律郎累迁考功员外郎，后擢为考功郎中，再迁给事中。四年春，因任上受贿被弹劾入狱，实为被诬蒙冤。中宗即位，因谄附张易之被流放。景龙元年（707）遇赦北归，授台州录事参军，迁起居郎。次年兼修文馆学士，常侍宫中。后历任中书舍人、太子少詹事，封吴兴县开国男。

【写作背景】

寿阳王，据《新唐书》记载，皇太子李成器，初封为永平郡王，后降为寿春郡王。寿春（今安徽寿县）原为寿阳，晋孝武帝时避讳所改。这首诗描绘的是唐朝王孙结婚时的礼仪，是一幅典型的社会风俗图。

【朗读指导】

仙媛｜乘龙｜夕，	平调。
天孙｜捧雁｜来。	降调，韵脚拖音稍长。
可怜｜桃李树，	平调，气徐声柔。
更绕｜凤凰台。	降调，较平缓，韵脚拖音稍长。
烛送｜香车入，	升调，较轻快。
花临｜宝扇开。	平调，欢快甜润，韵脚拖音稍长。
莫令｜银箭晓，	降调，轻轻地。
为尽｜合欢杯。	升调。

幼学琼林（节选）

【作者生平】

略。

【写作背景】

略。

【朗读指导】

良缘｜由｜夙缔，	升调，语气肯定。
佳偶｜自｜天成。	平调，陈述，韵脚拖音稍长。
蹇修｜与｜柯人，	平调。
皆是｜媒妁之号；	平调，陈述，语气肯定。
冰人｜与｜掌判，	平调。
悉是｜传言之人。	平调，陈述，语气肯定。
礼｜须｜六礼之周，	升调，语气肯定。
好合｜二姓之好。	降调，陈述，韵脚拖音稍长。
女嫁｜曰｜于归，	升调，语气肯定。
男婚｜曰｜完娶。	降调，陈述，韵脚拖音稍长。
婚姻｜论财，	升调。
夷虏｜之道；	降调，表示批判。
同姓｜不婚，	升调。
周礼｜则然。	降调，陈述，表示肯定。
女家｜受聘礼，	平调，陈述语气。
谓之｜许缨；	平调，陈述，语气肯定。
新妇｜谒祖先，	平调，陈述语气。
谓之｜庙见。	平调，陈述，语气肯定。
文定｜纳采，	升调。
皆为｜行聘之名；	平调，陈述，韵脚拖音稍长。
女嫁｜男婚，	升调。
谓了｜子平之愿。	平调，陈述，语气肯定。
成婚之日｜曰｜星期，	升调，语气肯定。

传命之人｜曰｜月老。	平调，陈述，语气肯定。
下采｜即是｜纳币，	升调，语气肯定。
合卺｜系是｜交杯。	平调，陈述，韵脚拖音稍长。

三、款款临风

请完成以下字帖描红。

桃夭

《诗经·国风·周南》

桃之夭夭，灼灼其华。

之子于归，宜其室家。

桃之夭夭，有蕡其实。

之子于归，宜其家室。

桃之夭夭，其叶蓁蓁。

之子于归，宜其家人。

寿阳王花烛

［唐］沈佺期

仙媛乘龙夕，天孙捧雁来。

可怜桃李树，更绕凤凰台。

烛送香车入，花临宝扇开。

莫令银箭晓，为尽合欢杯。

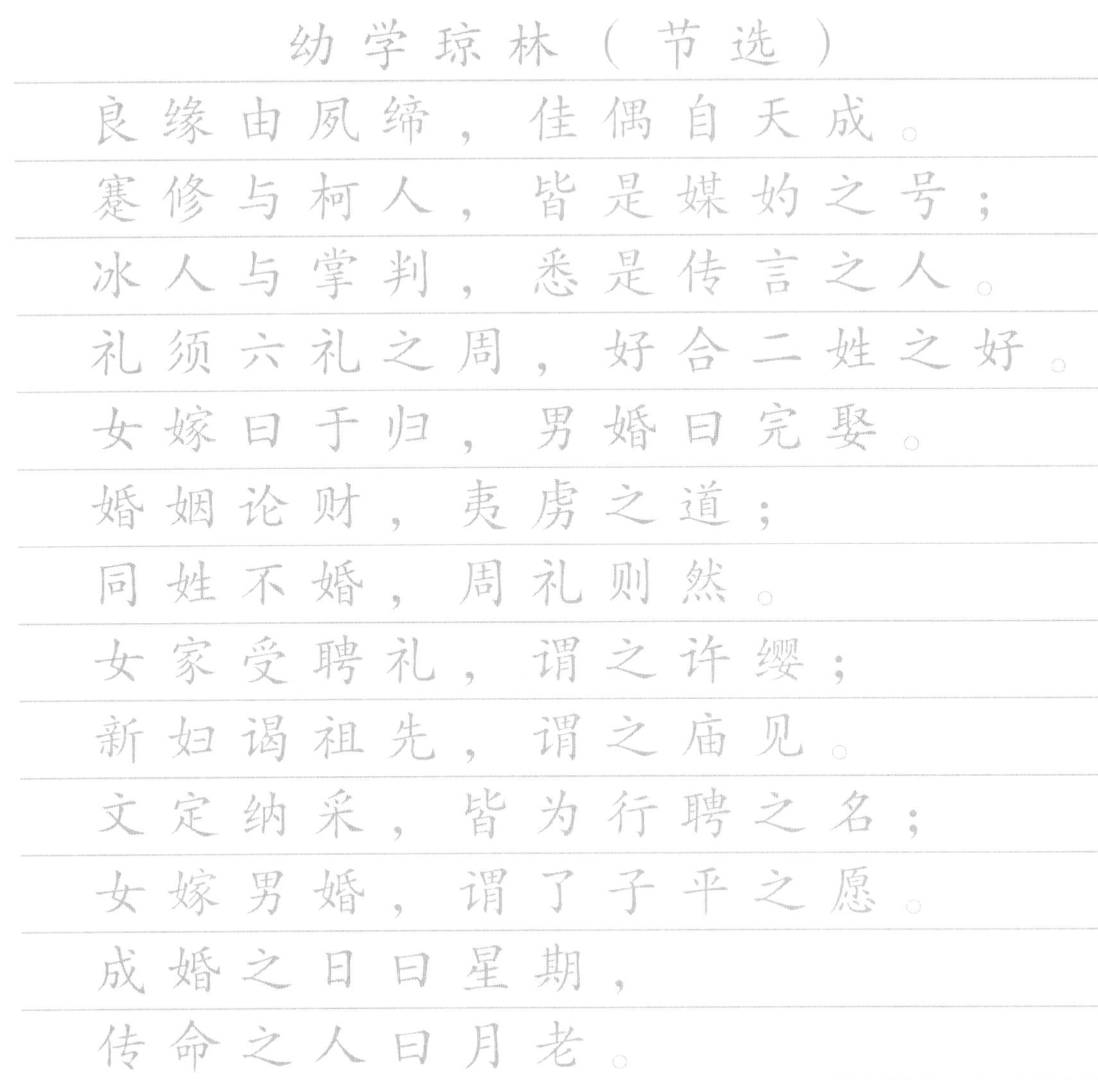

幼学琼林（节选）

良缘由夙缔，佳偶自天成。
蹇修与柯人，皆是媒妁之号；
冰人与掌判，悉是传言之人。
礼须六礼之周，好合二姓之好。
女嫁曰于归，男婚曰完娶。
婚姻论财，夷虏之道；
同姓不婚，周礼则然。
女家受聘礼，谓之许缨；
新妇谒祖先，谓之庙见。
文定纳采，皆为行聘之名；
女嫁男婚，谓了子平之愿。
成婚之日曰星期，
传命之人曰月老。
下采即是纳币，合卺系是交杯。

四、娓娓道来

（一）教材“博观约取”里的《申女拒婚》讲到古人对婚姻礼俗的尊崇。广东地区的婚姻礼俗很多，请查阅资料，并采访身边的亲友，了解广东的婚姻礼俗，填写下表。

婚姻礼俗	具体内容	现在是否沿用	你的观点及理由

续表

婚姻礼俗	具体内容	现在是否沿用	你的观点及理由

（二）电影《刑场上的婚礼》以羊城广为传颂的一则悲壮动人的革命浪漫故事为题材，讲述了中国共产党党员周文雍、陈铁军在共同进行革命斗争的过程中萌发了真挚的爱情，但为了革命事业，他们将爱情一直埋藏在心底直至被捕，二人在狱中宁死不屈，最后为了革命事业一起英勇就义的故事。他们以刑场为婚姻殿堂献身革命，谱写了一首生命与爱情的绝美颂歌。电影里的陈铁军高呼："现在，当我们要把青春和生命献给党、献给人民、献给革命的时候，我要向大家宣布，我们就要举行婚礼了。让这刑场作为我们新婚的礼堂，让反动派的枪声作为我们新婚的礼炮吧！"

电影中主人公的原型，就是广州起义指挥部委员兼工人赤卫队总指挥、时任中共广州市委组织部部长、兼市委工委书记的周文雍烈士和中共中山大学党支部委员、广东妇女解放协会秘书长陈铁军烈士。1928 年 2 月 6 日，广州起义失败后被捕的周文雍和陈铁军在广州红花岗英勇就义。在刑场上，两人宣布正式结为夫妻，举行了悲壮的婚礼。刑场做礼堂，枪声为礼炮，木棉当礼花，当周恩来得知两位烈士在刑场举行婚礼的故事后，心痛地说："这是人间最纯真、最高尚的爱情。"

请搜集整理周文雍烈士和陈铁军烈士的生平资料（表格自行制作），并给同学们讲述他

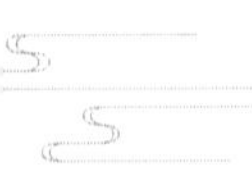

们的故事。

（三）教材“南粤剪影”里介绍，广州地区旧时迎亲用到扇子、清水、谷壳、白米、黑伞等，拜堂后用到红枣莲子茶、和合蛋等。在你的家乡，现在举行婚礼会用到哪些物品呢？这些物品怎么用？又有什么寓意呢？请查阅资料，采访亲友后记录下来，并与同学们交流。

五、跃跃欲试

（一）实践目标

古时婚嫁礼仪的六礼中有“纳征”，男家往女家送聘礼并正式确定婚姻关系。广东婚姻礼俗中也有“大聘”，男方备好礼品，吹奏鼓乐，由管家、媒人将礼品护送至女家。通过了解古今的聘礼，搜集与婚嫁礼俗有关的故事、新闻，学习相关的法律法规，践行社会主义核心价值观，树立正确的价值观、婚姻观，学习健康、文明、节俭、平等、和谐的婚俗新风尚，抵制铺张浪费、低俗婚闹、随礼攀比等不正之风。

（二）实践过程

1. 查阅资料，了解古时聘礼的品类。

2. 通过实地参观广东省博物馆或查找网络资料，了解、感受传统的广东婚嫁礼俗。

3. 采访已婚的亲友，了解他们的彩礼数目和婚礼总费用；通过网络等媒介，搜集有关彩礼的纠纷或诉讼案例；分析彩礼、婚礼花费的合理范围。

4. 通过采访、搜集亲友的婚礼趣闻、照片，通过网络等媒介搜集婚礼现场新闻图片、视频，将搜集到的资料进行对比、分析，跟同学们一起讨论并分享感悟。

5. 组织一次关于礼金的班级辩论赛（参考辩题：是否应该送彩礼，彩礼是否越多越好，女家要求彩礼合理吗）。

6. 第 1 至 4 项可以自由组成不超 5 人的小组共同完成，也可 1 人独立完成。第 5 项可以全班分组共同参与，也可以由持正反观点的同学选出代表参加。

（三）实践成果

1. 制作婚礼良俗的宣传小卡片。

2. 制作家乡婚礼习俗内容的小视频。

3. 为自己未来的婚礼，草拟婚庆方案。

4. 制作家乡婚俗手抄报。

5. 为亲友的婚礼，撰写贺词或主持稿。

第四课　传统节日：春节

一、声声入耳

扫二维码，看注释，听朗诵录音。参考教材译文，体会诗文中蕴含的思想感情。

岁除夜[1]会乐城[2]张少府[3]宅

［唐］孟浩然

畴昔通家[4]好，相知无间[5]然。

续明催画烛[6]，守岁[7]接长筵（yán）[8]。

旧曲梅花[9]唱，新正[10]柏酒[11]传。

客行随处乐，不见[12]度年年。

【注释】

1. 岁除夜：除夕。
2. 乐城：今浙江乐清。
3. 张少府：指张子容，时任乐城县尉。少府，县尉。
4. 通家：如同一家，指两家交谊深厚。
5. 无间：关系密切，没有隔阂。
6. 画烛：有画饰的蜡烛。
7. 守岁：旧俗阴历除夕终夜不睡，以迎接新年的到来。
8. 长筵：排成长列的筵席。
9. 梅花：汉乐府横吹曲《梅花落》的省称。
10. 新正：农历正月初一。
11. 柏酒：柏叶浸制的酒。古时春节饮之，认为可以避邪。
12. 不见：不觉得。

元　日[1]

［宋］王安石

爆竹声中一岁除[2]，春风送暖入屠苏[3]。
千门万户曈曈(tóng)[4]日，总[5]把新桃换旧符[6]。

【注释】

1. 元日：指农历正月初一。
2. 一岁除：一年过去。
3. 屠苏：屠苏草泡的酒。古代风俗，正月初一合家饮屠苏酒，据说可以祛除瘟疫。
4. 曈曈：太阳刚出来时光辉灿烂的样子。
5. 总：都。
6. 新桃换旧符：用新桃符换下旧桃符。桃符用桃木制成，上面绘有神像，据说挂在门上可以求福避祸，是春联的前身。

守　岁

［宋］苏轼

欲知垂尽[1]岁，有似赴壑(hè)[2]蛇。
修鳞[3]半已没，去意谁能遮？
况欲系其尾，虽勤知奈何！
儿童强[4]不睡，相守夜欢哗。
晨鸡且勿唱，更鼓畏添挝[5]。
坐久灯烬[6]落，起看北斗斜[7]。
明年岂无年，心事恐蹉跎(cuō tuó)[8]。
努力尽今夕，少年犹可夸。

【注释】

1. 垂尽：快要结束。垂，将近，将及。
2. 壑：山谷。
3. 修鳞：长蛇的身躯。修，长。
4. 强：勉强。
5. 挝：敲。

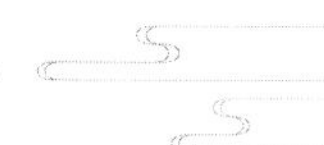

6. 灯烬：灯芯燃烧后剩下的炭灰。
7. 北斗斜：谓时已夜半。
8. 蹉跎：时间白白过去，光阴虚度。

除夜雪

［宋］陆游

北风吹雪四更初，嘉瑞[1]天教[2]及岁除。

半盏屠苏犹未举，灯前小草[3]写桃符。

【注释】

1. 嘉瑞：祥瑞，此处指雪。
2. 天教：天赐。
3. 小草：谓草书之字形小巧者，相对于大草而言。

二、朗朗上口

在了解诗歌背景的基础上，借助标记符号朗诵诗文。参照相应的朗诵录音，不断提升自己的诵读水平。初期可以跟随录音诵读。

岁除夜会乐城张少府宅

【作者生平】

孟浩然（689—740），唐代诗人。襄州襄阳（今属湖北）人。早年隐居鹿门山，以诗自适。开元十五年（727）冬赴京师长安，第二年应试落第，滞留在长安、洛阳。二十二年，再上长安，求仕未果返乡。二十五年，尚书右丞相张九龄被贬为荆州大都督府长史，即征辟孟浩然入幕府，署为从事。二十七年夏，孟浩然患背疽，归襄阳卧病在家。二十八年，不治而卒。孟浩然仕途失意，曾长期游历东南各地，写下许多山水田园诗。诗与王维齐名，并称“王孟”。其诗率真，清淡幽远，多反映游历及隐逸生活。有《孟浩然集》。

【写作背景】

开元十九年（731）岁末，孟浩然漫游吴越，在乐城与张子容相会，张时任乐城县尉。除夕之夜，在张子容家中，灯火辉煌，筵备珍馐。两位朋友一边品尝着新酿的柏叶酒，一边畅谈，内心的快乐是难以言喻的。席间还有《梅花落》古曲的演唱，更增添了兴致。

【朗读指导】

畴昔｜通家好	平调。表达两家人的关系好。
相知｜无间然	平调，舒缓。表达亲密无间的关系。
续明｜催画烛	升调，略激昂。色彩的反差运用语气的升调表达除夕之夜的喜庆。
守岁｜接长筵	平调。表达内心的快乐。
旧曲｜梅花唱	平调。表达听曲的愉快。
新正｜柏酒传	平调。表达深厚友谊的快乐之情。
客行｜随处乐	升调。感慨随行处且行乐。
不见｜度年年	降调。表达珍惜当下之情。

元日

【作者生平】

王安石（1021—1086），北宋政治家、思想家、文学家。字介甫，号半山，抚州临川（今江西抚州）人。庆历二年（1042）进士及第。后长期担任地方官，有治绩。嘉祐三年（1058）上万言书，主张变法，未被采纳。神宗熙宁元年（1068），奉诏入京，任翰林学士兼侍讲，陈述北宋开国至今各项制度弊端，阐明必须改革，深得宋神宗赏识。熙宁二年（1069），为参知政事，次年拜相，议行新法，史称“王安石变法”。其散文雄健峭拔，为“唐宋八大家”之一。有《王文公文集》《临川先生文集》等。

【写作背景】

相传此诗作于熙宁三年，即王安石初拜相而始行新法时。新年，王安石联想到变法伊始的新气象，有感而创作了此诗。诗人选取了爆竹、桃符这两样事物，再加上春风、朝日、屠苏酒，这一切景象构成了元日特有的气氛，以及人们对元日的典型心理感受。从中，诗人要力图揭示出元日这天更内在的本质：它是万象更新的标志，是除旧布新的标志。

【朗读指导】

爆竹｜声中｜一岁除 春风｜送暖｜入屠苏	平调。表达春天的到来，人们的欢乐之情。
千门｜万户｜曈曈日	升调。语势上扬，表达新年元日热闹、欢乐和万象更新的动人景象。
总把｜新桃｜换旧符	升调。语气加强，充满欢快及积极向上的奋发精神。

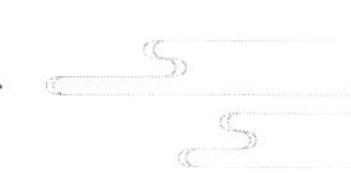

守岁

【作者生平】

略。

【写作背景】

此诗作于仁宗嘉祐七年，当时诗人在凤翔签判任上，遇到年终，想回家与父亲、弟弟团聚而不可得，就写了这首诗寄给弟弟苏辙，以抒发思念之情。

【朗读指导】

欲知｜垂｜尽岁	平调。表达辞别年岁。
有似｜赴｜壑蛇	平调。语势平缓，描述岁月流逝。
修鳞｜半｜已没	升调。声音偏高，语势上扬，感慨流逝。
去意｜谁｜能｜遮	降调。语气加强，强调无人能挡住时间的离去。
况欲｜系｜其尾	升调。表达想抓住时光的尾巴的想法。
虽勤｜知｜奈何	降调。表达无奈的情绪。
儿童｜强｜不睡	平调。描述守岁儿童的情景。
相守｜夜｜欢哗	降调。表达欢乐的气氛。
晨鸡｜且｜勿唱	升调。强调，表达守岁的人们的强烈希望。
更鼓｜畏添挝	降调。语气偏低。
坐久｜灯烬落	平调。描述守岁的情景。
起看｜北斗斜	升调。语势上扬，语气加重，描述时间的流逝。
明年｜岂无年	平调。提疑问，表达思考之意。
心事｜恐｜蹉跎	平调。表达淡淡的忧思。
努力｜尽今夕	平调。语气略强，表达珍惜时光。
少年｜犹｜可夸	升调。表达积极奋发之意。

除夜雪

【作者生平】

略。

【写作背景】

这首诗的描写对象是除夕夜的雪，语言清丽，风格平易。凛冽的北风在四更时分吹来了瑞雪，这也宣告着旧的一年已经过去，新的生活已经到来。正月初一的半盏屠苏酒还没有来得及喝，诗人便在灯前把新年的春联写好了。全诗体现了诗人在欢度除夕后遇雪的愉快心情，也从侧面反映出诗人积极乐观的生活态度。

【朗读指导】

北风吹雪｜四更初	平调。声音偏低，语速偏慢，描写天降瑞雪。
嘉瑞天教｜及岁除	平调。表达喜悦之情。
半盏屠苏｜犹未举	升调。语势上扬。
灯前小草｜写桃符	降调。写新年祝福的得意之情。

三、款款临风

请完成以下字帖描红。

岁除夜会乐城张少府宅

［唐］孟浩然

畴昔通家好，相知无间然。

续明催画烛，守岁接长筵。

旧曲梅花唱，新正柏酒传。

客行随处乐，不见度年年。

元日

［宋］王安石

爆竹声中一岁除，

春风送暖入屠苏。

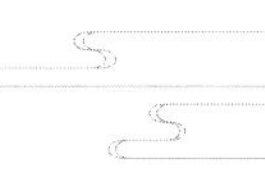

千门万户曈曈日，
总把新桃换旧符。

守岁

［宋］苏轼

欲知垂尽岁，有似赴壑蛇。
修鳞半已没，去意谁能遮？
况欲系其尾，虽勤知奈何！
儿童强不睡，相守夜欢哗。
晨鸡且勿唱，更鼓畏添挝。
坐久灯烬落，起看北斗斜。
明年岂无年，心事恐蹉跎。
努力尽今夕，少年犹可夸。

除夜雪

［宋］陆游

北风吹雪四更初，
嘉瑞天教及岁除。
半盏屠苏犹未举，
灯前小草写桃符。

四、娓娓道来

（一）教材“博观约取”里介绍了春节的几种习俗，查找资料，总结概括填写下表（此表可自行扩展）。

序号	春节习俗	关键词概括（时间、仪式、特色等）

（二）“南粤采风”中介绍了广东潮汕地区的过年习俗，在潮汕地区过年的传统习俗很多，人们扫尘、置办年货、亲朋好友相聚都别具特色。请查阅教材及其他资料，情景模拟潮汕地区的过年情景。小组成员通过讨论、探究，制定模拟方案，通过练习，汇报分享潮汕地区过年的民风民俗特色。

（三）粤语是一种声调语言，属汉藏语系汉语族汉语方言。粤语具有独特的魅力，粤语歌曲中有很多经典的节日歌曲传唱至今，如大家耳熟能详的“迎春花”“财神到”。请同学们学唱粤语歌曲“迎春花”“财神到”。

五、跃跃欲试

（一）实践目标

一方水土养一方人，一方水土形成一方人情风俗。通过寻找家乡春节的特色，传播非

遗，承载绚丽中华文明。

（二）实践过程

1. 了解广东省各个地区的春节习俗，了解岭南传统文化中春节的习俗特色。

2. 整理编辑相关资料，做成 ××（地名）春节习俗小档案。

3. 春节期间，视频直播家乡年。收集相关照片，录像制作小视频，以家乡的视角和叙事方式讲述家乡春节习俗故事。

4. 班级分享实践成果，也可以分小组上传视频网站，以点赞或收藏量做排行。

5. 可以自由组成不超 5 人的小组共同完成，也可 1 人独立完成。

（三）实践成果

1. 编辑广东地区春节习俗档案卡。

2. 制作有关家乡春节习俗的小视频。

3. 为举办家乡春节习俗朗诵会，草拟活动方案。

4. 制作广东春节习俗手抄报。